Michael Plathow

Glauben und Gestalten. Dietrich Bonhoeffer im heutigen Kontext

Michael Plathow

Glauben und Gestalten. Dietrich Bonhoeffer im heutigen Kontext

Fromm Verlag

Impressum / Imprint
Bibliografische Information der Deutschen Nationalbibliothek: Die Deutsche Nationalbibliothek verzeichnet diese Publikation in der Deutschen Nationalbibliografie; detaillierte bibliografische Daten sind im Internet über http://dnb.d-nb.de abrufbar.

Bibliographic information published by the Deutsche Nationalbibliothek: The Deutsche Nationalbibliothek lists this publication in the Deutsche Nationalbibliografie; detailed bibliographic data are available in the Internet at http://dnb.d-nb.de.

Verlag / Publisher:
Fromm Verlag
ist ein Imprint der / is a trademark of
OmniScriptum GmbH & Co. KG
Heinrich-Böcking-Str. 6-8, 66121 Saarbrücken, Deutschland / Germany
Email: info@frommverlag.de

Herstellung: siehe letzte Seite /
Printed at: see last page
ISBN: 978-3-8416-0437-8

Inhaltsverzeichnis

Die Mannigfaltigkeit der Wege Gottes.
Zu Dietrich Bonhoeffers kreuzestheologischer Vorsehungslehre

Wenn Du in Gedanken an den Krieg manchmal nur den Tod siehst, so unterschätzt Du wohl die Mannigfaltigkeit der Wege Gott. DieStunde des Todes ist dem Menschen bestimmt, und sie wird ihn überall finden, wo sich der Mensch auch hinwendet. Und wir müssen dafür bereit sein. (Widerstand und Ergebung, Brief vom 21. 5. 1944)

I. "Des Menschen Herz denkt sich einen Weg, aber der Herr allein gibt, dass er fortgehe" (Prov 16, 9)

"Des Menschen Herz denkt sich einen Weg, aber der Herr gibt, dass er fortgehe", über diesen Spruch der frühen Weisheitsliteratur predigte D. Bonhoeffer 1934 als Pfarrer der deutschen Auslandsgemeinde in London[1]. Die Predigt als verkündigtes Wort Gottes will dabei vom Predigttext her die Situation der Hörer aufgreifen. Die verschiedenen Lebenswege der Glieder dieser Auslandsgemeinde, ihre Pläne, Schwierigkeiten und ihre eigenen Zielsetzungen, aber auch die merkwürdigen und wunderbaren Fügungen charakterisieren die Situation dieser Predigt[2]. "Aber niemand hat das Ende erreicht"[3]. "But no one has reached the end, we still have to go on wandering on our road and no one knows, where this road will lead him tomorrow", so wendet der Prediger den Blick der Hörer von der Vergangenheit in die Zukunft.
Im folgenden werden - entsprechend der Struktur des Predigttextes - die Wege der Menschen und die Wege Gottes mit den Menschen einander zugeordnet; es wird gleichsam die Melodie der Wege Gottes zur Melodie menschlicher Wege im Kontrapunkt geführt. Zunächst stellt sich das deutsche Sprichwort "Jedermann ist seines Glückes Schmied", so wie es vom Jugendlichen, vom reifen Mann und vom Greis erfahren wird, dem alttestamentlichen Spruch gegenüber: "Des Menschen Herz denkt sich seinen Weg; aber der Herr allein gibt, dass es fortgehe". Hier wird der Predigttext ein erstes Mal eingeführt. Mit einem "Aber"[4] angeschlossen, tritt das biblische Wort dem populären Spruch entgegen. In beiden geht es um Letztwirklichkeit: einerseits die Willenskraft des selbständigen Menschen, andererseits das Wirken Gottes, des Herrn. Zwei verschiedene "Wege", "Linien",

1 Dietrich Bonhoeffer, Gesammelte Schriften IV, hrsg. Eberhard Bethge, München 1961, 174ff; 623ff
2 Eberhard Bethge, Dietrich Bonhoeffer. Theologe. Christ. Zeitgenosse, München 1970[3]
3 Anm. 1, 623
4 Ebd., 624

“Faktoren”, “Kräfte”[5] scheinen das menschliche Leben zu durchziehen und zu gestalten; ihre Parallelität wird jedoch sofort verworfen und zerbrochen. “... in Wahrheit gibt es das gar nicht: des Menschen Wege ...; aber da ist ein wirklicher Weg, den wir unvermeidlich zu gehen haben, und das ist Gottes Weg”[6]. Hier liegt das erste Forte dieser Predigt. Die Lebenswege der Menschen sind unkalkulierbar, ja, undurchsichtig. An dem schönen Gleichnis vom Schachspiel wird verdeutlicht, wie Gott selbst die Wege des Menschen durchkreuzt, so dass der Mensch allein und ganz auf die Gnade angewiesen ist, “denn nichts als Gnade kann ihm mehr helfen”[7]. Das aber sind die “großen Augenblicke” menschlichen Lebens, die “großen Stunden”, die “unser Leben lebenswert” machen[8].

Die Predigt zielt von hier direkt auf das Fortissimo des auch theologisch stark durchreflektierten Finale; die Häufung der Assonanzen - im Englischen fallen sie besonders auf[9] - deuten darauf hin: die Durchkreuzung der Wege des Menschen von Gottes eigenen Wegen ist ein Hinweis auf das Kreuz Christi[10]. “Nur der Weg des Menschen, der zum Kreuz führt, ist der Weg, den Gott Schritt für Schritt lenkt und der schließlich durch das Kreuz zu dem ewig dauernden Leben führt”[11].

Später in der Finkenwalder Homiletik, einer Vorlesung zwischen 1935 und 1939, bedenkt D. Bonhoeffer weiter, was er in seiner Predigt von 1934 tut: “Die Predigt als Rede ist dadurch bestimmt, dass sie Auslegung eines biblischen Texte ist”[12]; der Text gibt dabei der Predigt die Form vor. In dieser Predigt ist das mit großem Vermögen gelungen. Dogmatisch gesehen hat die Predigt, also das lebendige Predigtwort, seinen “Ursprung in der Inkarnation Jesu Christi”[13], ja, es ist der “inkarnierte Christus selbst. Darum ist die Predigt keine Rede über einen Text, sie ist vielmehr die Hineinnahme der Gemeinde in die Eigenbewegung des Predigtwortes als Textauslegung. Das Wort steigt gleichsam aus der Bibel heraus, nimmt Gestalt an als Predigt und geht so zur Gemeinde, sie zu tragen. Diese Eigenbewegung des Wortes zur Gemeinde soll der Prediger nicht hindern, sondern anerkennen”[14]. Das Geschehen des Predigtwortes an der Gemeinde ist das von Gesetz und Evangelium, das auf Sündenvergebung und “Gewissmachen auf unseren Wegen” zielt[15]. Dieser Predigt war diese Vollmacht geschenkt, so dass sie diese Gewissheit schenken konnte.

Der Predigt liegt ein Spruch der frühen Weisheitsliteratur aus der Zeit der “Salomonischen Aufklärung” zugrunde. G. v. Rad[16] hat diesen Spruch zusammen mit Texten wie Prov 16, 1; 16, 33; 19, 21; 21, 2; 21, 31; 29, 26; Gen 45, 7f; Gen 50, 20

5 Ebd., 624
6 Ebd., 625
7 Ebd., 626
8 Ebd., 626
9 Ebd., 178f
10 Ebd., 626
11 Ebd., 627
12 Ebd., 267
13 Ebd., 240
14 Ebd., 241f
15 Ebd., 244
16 Gerhard v. Rad, Theologie des Alten Testaments I, München 1962[4], 452f; ebenso: ders., Weisheit in Israel, Neukirchen-Vluyn 1970, 131ff

aufgrund ihrer formgeschichtlichen Entsprechung als zu einer Textgruppe gehörig erkannt. Das Gemeinsame dieser Texte liegt zunächst in ihrer syntaktischen Struktur: es handelt sich jeweils um eine Parataxe; zwei Hauptsätze werden durch ein we-adversativum gegenübergestellt. Die Ähnlichkeit liegt ferner im Inhalt: einer alltäglichen Erfahrung des menschlichen Denkens, Planens und Sorgens wird als Begrenzung Jahwes überholendes und damit letztlich entscheidendes Wirken und Lenken entgegengesetzt. Wie nun die Sprüche häufig geordnete und reflektierte Erfahrungen in verdichteter Sprache ausdrücken und zugleich die generalisierend-lehrhafte Seite betonen, so ist das auch bei diesen Sprüchen der älteren Weisheit festzustellen. Bei der Weisheit handelt es sich um jene geistige Strömung des alten Orient zur Zeit Salomos, die nach rationaler Durchdringung und systematischer Ordnung der empirischen Erfahrungen im Naturgeschehen und im sozialen Zusammenleben der Menschen strebte und mit großer Verstandeskraft solche Ordnungen erkannte und bestimmte. Man bemühte sich um Vernunfterkenntnisse in Rückkoppelung an die Erfahrung, erkannte also die "relative Eigengesetzlichkeit immanenter Abläufe" und die "relative Eigengesetzlichkeit der Lebensgüter"[17], wusste aber zugleich hinter allen beobachteten Ordnungen und Gesetzmäßigkeiten Jahwes wirkendes Handeln. Welterfahrungs- und Gotteserfahrungssätze, Vernunft- und Glaubenserkenntnis, Verstandes- und Vertrauensaussagen waren aufeinander gezogen. Diese geistige Atmosphäre repräsentieren auch die genannten Sprüche. In sprichwörtlicher Geschliffenheit pointieren sie, dass hinter allen empirisch erfahrbaren Erscheinungen und Gesetzmäßigkeiten Jahwe dennoch der Mitseiende und Begleitende ist; "es sind einfach Beispiele aus dem Leben, an denen man das Dazwischentreten des göttlichen Geheimnisses anschaulich demonstrieren kann"[18]. Die Wege und Pläne der Menschen werden von Gottes Plänen und Wegen gekreuzt und durchkreuzt. Insofern zeigt D. Bonhoeffer textgemäß die zwei "Linien", "Faktoren", "Kräfte" und "Wege" in der Londoner Predigt auf. Vom Neuen Testament her weiß er, dass Gott, der Vater Jesu Christi, in Gnade und Gericht mit seinen Wegen die Wege der Menschen durchkreuzt; typologisch weisen die Sprüche der alttestamentlichen Weisheit insofern auf die neutestamentliche "Weisheit" der Torheit vom Kreuz hin (1. Kor 1, 18; 2, 7f), in der *Gott die menscheneigenen Wege durchkreuzt* und gerade so Immanuel, Gott mit uns, ist und bleibt.

II. Die beiden Wege

In der Bonhoefferforschung wird zumeist die Kontinuität im Lebenswerk dieses Theologen und Pastoren bei einer gewissen Diskontinuität in einzelne Lebensphasen hervorgehoben. Hanfried Müller[19] etwa zeigt einen Bruch zwischen dem frühen und dem späten Bonhoeffer auf; Eberhard Bethge[20] stellt drei Phasen im Leben und Werk

17 Ders., Weisheit in Israel, 63

18 Ebd,, 88

19 Hanfried Müller, Von der Kirche zur Welt. Ein Beitrag zu der Beziehung des Wortes Gottes auf die societas in D Bonhoeffers Entwicklung, Leipzig 1961

20 Eberhard Bethge, Dietrich Bonhoeffer. Theologe. Christ. Zeitgenosse, München 1970[3]

Bonhoeffers vor; ihm schließen sich z. B. Ernst Feil[21], Rainer Mayer[22] und Albert Altenähr[23] an. Wie steht es nun mit der Kontinuität und Diskontinuität besonders in Bonhoeffers Vorsehungsverständnis.

Die späten Briefe, also die Briefe nach der Zäsur vom 30. 4. 1944, müssen hier besondere Berücksichtigung finden. Dabei ist zunächst das hermeneutische Problem in den Blick zu fassen, dass es sich um die Gattung der Briefe handelt mit ihren jeweils nur fragmentarischen Gedankenäußerungen. Einerseits ist nun festzuhalten, dass Bonhoeffer gerade im Fragment eine Form erkennt, die dem Leben, Tun und Werk des Menschen angemessen ist. Im Fragment, also in der bruchstückhaften, unvollendeten, aber zugleich auch über sich hinausweisenden Form, ist das Ganze angedeutet, angelegt, angezeigt, wie Bonhoeffer am 23. 4. 1944 an E. Bethge schreibt. Äußere Form und sachlicher Inhalt verbinden sich also gerade im Fragment sehr glücklich. Andererseits werden die fragmentarischen Gedanken in Briefen, u. zw. in persönlichen Briefen, geäußert. Briefe sind in der Regel keine gedanklich bis ins Feinste ausgefeilte Abhandlungen; sie sind auch keine sprachlichen Machwerke der Ausdruckswelt. In den Briefen wendet sich ein Ich an ein anderes Du. Ein Brief ist Zuwendung und als solche Geschenk, Geschenk eines schreibenden Ichs. Schreiber und Brief sind dabei, alle Subjekt-Objekt-Trennung durchbrechend, miteinander verbunden. Zugleich setzt der persönliche Brief eine innere Bindung mit dem Empfänger voraus, ein Bündnis des Vertrauens. In Bonhoeffers Briefen ist die gemeinsame Vertrauensbasis zwischen Schreiber und Empfänger der christliche Glaube. Der Brief erhält hier Zeugnis- und Bekenntnischarakter: Zeuge und Zeugnisgeben sind verbunden, aber auch Inhalt und Zeugnis. Aus der Lebensverbundenheit mit Gott wird in diesen Briefen vor Gott von Gott und dem eigenen Ich an ein anderes Du geschrieben[24]. Die fragmentarischen Gedanken in den Briefen entsprechen somit ihrer Form nach der Sache unseres Themas.

Auf diesem Hintergrund sollen nun die beiden “Linien” verfolgt werden in Bonhoeffers späten Briefen: die Wege der Führung Gottes, die Wege des “mündigen” Menschen in einer Welt “etsi deus non daretur”. So schreibt D. Bonhoeffer am 22. 12. 1943 an E. Bethge: “Ich möchte Dir morgen irgendwie sagen, dass für mich die Führung meiner ganzen Angelegenheit ganz entscheidend eine Glaubensfrage ist, und ich habe das Gefühl, sie ist zu sehr eine Sache der Berechnung und der Vorsicht geworden”. Einen Monat später heißt es am 23. 1. 1944: “... wenn uns dann plötzlich fast alle Möglichkeiten, selber etwas mitzuwirken, abgeschnitten werden, dann steht hinter aller Angst um den andern doch auch irgendwo das Bewusstsein, dass sein Leben nun ganz in bessere und stärkere Hände gelegt ist. Sich gegenseitig diesen Händen anzuvertrauen, ist wohl die große Aufgabe der kommenden Wochen und vielleicht auch Monate für Euch, für uns.... Mag in dem, was den Tatsachen vorausgeht, noch soviel Versagen, Sichverrechnen und Schuld liegen, in den Tatsachen selber ist Gott”. Schon in diesen kurzen Äußerungen deutet sich an, dass es

21 Ernst Feil, Die Theologie D. Bonhoeffers, München 1971[2]
22 Rainer Mayer, Christuswirklichkeit, Stuttgart 1969
23 Albert Altenähr, Dietrich Bonhoeffer - Lehrer des Gebets, Würzburg 1976
24 Vgl. auch: A. Welleck, Zur Phänomenologie des Briefes, in: Sammlung 15, 1960, 339f

Bonhoeffer nicht allein um die persönliche Führungsgewissheit geht; es geht ihm darüber hinaus um die Gewissheit von Gottes erhaltendem und lenkendem Wirken in der Kirche und im Weltgeschehen. Am Himmelfahrtstag, dem 4. 6. 1943, schreibt er: "Ich bin im Blick auf das Kommende fast geneigt, das biblische 'dei' ... zu zitieren, und ich empfinde etwas von der 1. Petr 1, 12 erwähnten Neugierde der Engel, wie Gott das scheinbar Unlösbare sich neu zu lösen anschickt. Ich glaube, dass es nun soweit ist, dass Gott sich aufmacht, etwas zu vollbringen, was wir bei aller äußeren und inneren Beteiligung nur mit ganz großem Staunen und mit Ehrfurcht in uns aufnehmen können". Und die ganze Weltgeschichte miteinbeziehend heißt es in den "Gedanken zum Tauftag von D.W.R.": "Deutlicher als in anderen Zeiten erkennen wir, dass die Welt in den zornigen und gnädigen Händen Gottes ist"; ergänzend im Begleitbrief schreibt Bonhoeffer am 21. 5. 1944: "Wenn Gott mitten in den Bedrohungen eines Fliegeralarms den Ruf des Evangeliums zu seinem Reich in der Taufe ergehen lässt, dann wird es merkwürdig klar, was dieses Reich ist und will. Ein Reich, stärker als Krieg und Gefahr, ein Reich der Macht und Gewalt, ein Reich, das für den einen ewiger Schrecken und Gericht, für die anderen ewige Freude und Gerechtigkeit ist, nicht ein Reich des Herzens, sondern über die Erde und alle Welt". Am 10. 8. 1944 konstatiert der Schreiber: "Im übrigen sitzt nach wie vor Gott im Regiment". Noch weitere Beispiele wären zu nennen[25]; wie ein roter Faden zieht sich durch Bonhoeffers Gefängnisbriefe, durch die frühen und späten, die *Gewissheit um Gottes erhaltendes Regieren*; es ist eine freudige Gewissheit im Frömmigkeitsleben dieses Theologen, die allerdings z. T. erst durch die Erfahrung der tristitia und acedia hindurch (18. 11. 1943) diese gläubige hilaritas fand (30. 4. 1944).

Bei D. Bonhoeffers Vorsehungsverständnis handelt es sich - in der Terminologie der "klassischen" Providenzlehre gesprochen - in der vertikalen Koordinate um die conservatio und gubernatio Gottes, in der horizontalen Koordinate um die providentia specialissima, specialis und generalis[26]. Diese Vorsehungslehre fasst D. Bonhoeffer in dem Bekenntnistext "Einige Glaubenssätze über das Walten Gottes in der Geschichte" in "Nach zehn Jahren" zusammen: "Ich glaube, dass Gott aus allem, auch aus dem Bösesten, Gutes entstehen lassen kann und will. Dafür braucht er Menschen, die sich alle Dinge zum Besten dienen lassen. Ich glaube, dass Gott uns in jeder Notlage soviel Widerstandskraft geben will, wie wir brauchen. Aber er gibt sie nicht im voraus, damit wir uns nicht auf uns selbst, sondern allein auf ihn verlassen. In solchem Glauben müsste alle Angst vor der Zukunft überwunden sein. Ich glaube, dass auch unsere Fehler und Irrtümer nicht vergeblich sind, und dass es Gott nicht schwerer ist, mit ihnen fertig zu werden, als mit unseren vermeintlichen Guttaten. Ich glaube, dass kein zeitloses Fatum ist, sondern dass er auf aufrichtige Gebete und verantwortliche Taten wartet und antwortet". Der erste dieser vier *Bekenntnissätze* weist in Anklängen an den Schlüsselsatz der Josephsnovelle in Gen 50, 20 darauf hin, dass Gott in den "vorletzten" Dingen gerade auch gegen die bösen Pläne der

25 Vgl. die Briefe an Bethge vom 18. 12. 1943; 21. 2. 1944; 9. 3. 1944; 11. 4. 1944; 30. 4. 1944; 16. 5. 1944; 21. 5. 1944; 10. 8. 1944; 23. 8. 1944

26 Heinrich Ott, Wirklichkeit und Glaube I, Zürich 1966, 251f

Menschen Gutes wirkt; alles menschliche Tun steht unter Gottes Gericht und Geduld. Doch ist das erst vom "Letzten", wie es etwa im paulinischen Prädestinationstext Röm 8, 28f angedeutet ist, im Glauben erkennbar: denen, die in Christi Kreuz und Auferstehung gerechtfertigt sind, d. h. die von ihrer Sünde und Schuld befreit und in Gottes Liebe hineingenommen sind, dienen alle Dinge zum besten nach Gottes Vorherbestimmung. Christi Leiden und Sterben am Kreuz für die Sünden der Menschen und seine Auferstehung bedeutet die Erlösung vom Zorn des Vaters und das Geschenk der Gnade zum Guten. *Hier* liegt der *Real- und Erkenntnisgrund* für die göttliche Providenz, das "Letzte" im Blick auf das "Vorletzte": Gott erhält in seiner Geduld und Treue seine Geschöpfe trotz ihrer Sünde und Schuld. Durch die Taufe ist der Christ schon in Gottes Heils- und Erlösungstat hineingenommen in der gegenwärtigen "sanctorum communio", die aber noch auf die endgültige Vollendung wartet.

D. Bonhoeffer grenzt sich hier gegen drei Positionen ab: zunächst gegen W. Lütgert, den Nachfolger seines Lehrer R. Seeberg, der in dem Aufsatz "Der Optimismus und das Erdbeben von Lissabon"[27] und in seinem Buch "Schöpfung und Offenbarung"[28] den Vorsehungsglauben als die "Grundlage" und die "Bedingung" des Glaubens an Jesus Christus verstand, u. zw. nicht nur zeitlich, "sondern in dem Sinne, dass er ihm kausal vorangeht, ihn begründet und erweckt und zu ihm nötigt"[29]. Demgegenüber insistiert D. Bonhoeffer auf den Real- und Erkenntnisgrund der Vorsehungsglaubens in der Offenbarung Gottes in Jesus Christus. Die Parallelität zur Providenzlehre K. Barths ist deutlich.

Gegen die These von John de Gruchy im Aufsatz "Vorsehung, Säkularisation und Hoffnung"[30] ist jedoch festzuhalten, dass dieses christologische Vorsehungsverständnis Bonhoeffers dem Barths nur teilweise entspricht. Das Vorsehungsgeschehen ist für K. Barth Spiegel und Abbild des Bundesgeschehens, das - entsprechend seiner Analogia-relationis-Lehre - den ontischen und noetischen Gund in den zwei Naturen und Ständen Jesu Christi innerhalb der göttlichen Gnadenwahl hat. In Jesus Christus hat Gott vor aller Zeit im Sinne der Anhypostasielehre das Schöpfungsgeschehen in die Gnadenwahl aufgenommen[31]. Damit aber können die Sünden der Menschen, Gottes Zorn und Gericht sowie das Leid und das Elend des Weltgeschehens nicht so ernst genommen werden, wie die biblischen Texte von ihnen reden[32]. Anders als für K. Barth ist für D. Bonhoeffer das Kreuz Christi und die Erlösungstat Christi zum Heil der Sünder der Real- und Erkenntnisgrund auch des Vorsehungsglaubens.

Schließlich ist D. Bonhoeffers Vorsehungsverständnis von der teleologischen Ausrichtung thomasischer Providenzlehre abzugrenzen. Das Vorsehungsgeschehen ist nicht innerhalb des aristotelischen Akt-Potenz- und Vier-causa-Schemas auf ein

27 W. Lütgert, Der Optimismus und das Erdbeben von Lissabon, in: Beiträge zur Förderung christlicher Theologie 5, 3, 1901, 1ff

28 Ders., Schöpfung und Offenbarung, in: Beiträge zur Förderung christlicher Theologie, Abt. 2, Bd. 34, 1934

29 Ebd., 372

30 John de Gruchy, Vorsehung, Säkularisation und Hoffnung, in: Genf 76, München 1976, 175 Anm. 13

31 Karl Barth, Kirchliche Dogmatik III 3, 42ff; IV 2, 44ff

32 Michael Plathow, Das Problem des concursus divinus, Göttingen 1976, 99ff, 111ff

höchstes Ziel, das summum bonum, hingeordnet[33], sondern vielmehr von Gottes eschatologischem Heilshandeln in Jesus Christus bestimmt, wie es sich im gegenwärtigen und zukünftigen Ereignen des Reiches Gottes vollzieht. Besonders D. Bonhoeffers Beschäftigung mit dem Alten Testament, verstanden in Kontinuität und Diskontinuität vom Neuen Testament her, verhalf hier zu einem vertieften Verstehen. Jahwe, der Gott Abrahams, Isaaks und Jakobs, offenbarte sich Mose am Sinai als "Eheje asher eheje" (Ex 3, 14): Ich bin, der ich bin; d. h. ich bin da für dich und werde für dich da sein. M. Luther paraphrasierte den Namen Jahwes: Wie ich jetzt da bin für dich, so werde ich in Zukunft der Zu-dir-Kommende, der Auf-dich-Zukommende sein und Befreiung und Errettung bringen als Immanuel, Gott mit uns, der nach Mt 1, 23 und Jes 7, 14 in Jesus Christus das eschatologische Heil offenbar machte und ständig neu macht.

Die andere "Linie", die mit dem Brief vom 30. 4. 1944 beginnt, wird durch die "*mündig" gewordene Welt* "etsi deus non daretur" aufgezeigt. Am 8. 6. 1944 schreibt D. Bonhoeffer an E. Bethge: "Der Mensch hat gelernt in allen wichtigen Fragen mit sich selbst fertig zu werden ohne Zuhilfenahme der 'Arbeitshypothese Gott'. In wissenschaftlichen, künstlerischen, auch ethischen Fragen ist das eine Selbstverständlichkeit geworden, an der man kaum noch zu rütteln wagt". Und in dem wichtigen Brief vom 16. 7. 1944 heißt es: "Zum Historischen: es ist eine große Entwicklung, die zur Autonomie der Welt führt. In der Theologie: zuerst Herbert von Cherbury, der die Suffizienz der Vernunft für die religiöse Erkenntnis behauptet. In der Moral: Montaigne, Bodin, die anstelle der Gebote Lebensregeln aufstellen. In der Politik: Macchiavelli, der die Politik von der allgemeinen Moral löst und die Lehre von der Staatsraison begründet. Später, inhaltlich sehr von ihm verschieden, aber in der Richtung auf die Autonomie der menschlichen Gesellschaft doch mit ihm konform H. Grotius, der sein Naturrecht als Völkerrecht aufstellt, das Gültigkeit hat 'etsi deus non daretur, auch wenn es keinen Gott gäbe'. Schließlich der philosophische Schlußstrich: einerseits der Deismus des Descartes: die Welt ist ein Mechanismus, der ohne Eingreifen Gottes von selbst abläuft; andererseits der Pantheismus Spinozas: Gott ist die Natur. Kant im Grund Deist, Fichte und Hegel Pantheisten. Überall ist die Autonomie des Menschen und der Welt das Ziel der Gedanken ... Und wir können nicht redlich sein, ohne zu erkennen, dass wir in der Welt leben müssen - 'etsi deus non daretur'. Und eben dies erkennen wir - vor Gott."
In dieser Profanisierungs- und Autonomisierungsthese ist D. Bonhoeffer von seinem Lehrer Adolf v. Harnack mitbeeinflusst worden, wie C.-J. Kaltenborn überzeugend nachweist[34]. Für diese zweite "Linie" der "Mündigkeit der Welt" in den späten Briefen ist zugleich Bonhoeffers Abgrenzung hervorzuheben. "Mündige Welt" bedeutet auch für den späten Bonhoeffer nicht das autonome, seiner Eigengesetzlichkeit überlassene Weltgeschehen; das bedeutete die Selbstverabsolutierung geschöpflicher Kräfte, Gesetze, Strukturen und Fähigkeiten.

33 Thomas v. Aquin, Summa Theologiae 1, q 103 - 105
34 C.-J. Kaltenborn, Adolf von Harnack als Lehrer Dietrich Bonhoeffers, Berlin 1973

“Mündigkeit” meint im positiven Sinn das *Ernstnehmen* der “Diesseitigkeit” der Welt und das Ernstnehmen der Verantwortlichkeit des Menschen in ihr, ohne zugleich das gegenwärtige Wirken und Mitsein Gottes zu leugnen; nicht umsonst gebraucht das Signalwort H. Grotius’ den Konjunktiv.

In diesen beiden “Linien” der späten Briefe D. Bonhoeffers erkennen wir eine Entsprechung zu den beiden “Wegen” der frühen Predigt. Die Kontinuität ist unverkennbar.
Wie werden nun beide “Linien” miteinander verbunden?

III. Das Kreuz der Wege
In der Londoner Predigt von 1934 über Prov 16, 9 geht es D. Bonhoeffer - wie erwähnt - darum, dass Gottes Wege letztlich die Wege der Menschen durchkreuzt, dass Gott mit seinem erhaltenden Regieren der Gewinner, der Mensch mit seinen eigenen Plänen der Verlierer ist, angewiesen auf Gottes Gnade, die ihm im Kreuz Christi geschenkt ist: *deus semper maior.* Das ist bei einer Entsprechung und Kontinuität in Bonhoeffers späten Briefen anders. Einen Hinweis auf diesen Unterschied findet man in dem Brief vom 16. 7. 1944: “So führt unser Mündigwerden zu einer wahrhaftigen Erkenntnis unserer Lage vor Gott. Gott gibt uns zu wissen, dass wir leben müssen als solche, die mit dem Leben ohne Gott fertig werden. Der Gott der mit uns ist, ist der Gott, der uns verlässt (Mk 15, 34)! Der Gott, der uns in der Welt leben lässt ohne die Arbeitshypothese Gott, ist der Gott, vor dem wir dauernd stehen. Vor und mit Gott leben wir ohne Gott. Gott lässt sich aus der Welt herausdrängen ans Kreuz, Gott ist ohnmächtig und schwach in der Welt und gerade und nur so ist er bei uns und hilft uns. Es ist Mk 8, 17 ganz deutlich, dass Christus nicht hilft kraft seiner Allmacht, sonders kraft seiner Schwachheit, seines Leidens! ... Die Bibel weist den Menschen an die Ohnmacht und das Leiden Gottes; nur der leidende Gott kann helfen. Insofern kann man sagen, dass die beschriebene Entwicklung zur Mündigkeit der Welt, durch die mit einer falschen Gottesvorstellung aufgeräumt wird, den Blick frei macht für den Gott der Bibel, der durch seine Ohnmacht in der Welt Macht und Raum gewinnt.” Die “weltliche” Welt und der “mündige” Mensch hat in *Gottes Selbstpreisgabe* bis in die Niedrigkeit und Ohnmacht des Leidens und Sterbens seines Sohnes am Kreuz den Ermöglichungsgrund; Gott neigt sich herab, um den Menschen und der Welt, d. h. der Freiheit und Verantwortung des Menschen und dem Eigensein der Welt, Raum zu geben. Der Real- und Erkenntnisgrund für die göttliche Deszendenz aber ist das Kreuz Christi: Gott lässt sich ans Kreuz drängen; und in der Nachfolge haben die Glaubenden Anteil an Gottes Leiden in der Welt, aber gerade im Leiden und in der Schwachheit hilft Gott, ist Gott anwesend mitten im Leben jenseitig. Damit lässt Gott die Welt auch in ihrer “Diesseitigkeit” und den Menschen in seiner “Mündigkeit” nicht allein; verborgen in ihrer ”Diesseitigkeit” und “Mündigkeit” ist er da erhaltend und lenkend. Wie m Kreuz Christi ist Gott auch hier anwesend in paradoxer Weise: *deus semper minor im gekreuzigten Christus.* Nach dieser Kreuzestheologie hat Gott

die Welt und den Menschen nicht nur in ihre "Mündigkeit" hineingestellt, ohne sie sich selbst zu überlassen; Gott hat ebenfalls die Eigengesetzlichkeit der Welt und das Autonomiestreben des Menschen im Kreuz Christi *als Sünde gerichtet und* erst daraufhin *in ihr Eigensein und ihre Freiheit gestellt*. In D. Bonhoeffers theologia paradoxa der späten Briefe erscheint das Kreuz Christi somit als Erkenntnisprinzip; im Einfürallemal des Kreuzes verbinden sich die Selbsterniedrigung Gottes und die Heilstat für die Sünden der Menschen, also die Deszendenz und die Soteriologie, wie sie etwa in 2. Kor 5, 21 und Gal 3, 13 ausgesagt ist. D. Bonhoeffers Kreuzestheologie ist damit in eine Tradition eingebunden, in die ihn vor allem seine Lehrer Karl Holl und Reinhold Seeberg einführten[35].

In 1. Kor 1, 18 heißt es: "Denn das Wort vom Kreuz ist Torheit denen, die verloren gehen; uns aber, die wir gerettet werden, ist es Gottes Kraft". Weiter in Vers 21 steht: "Denn weil die Welt, umgeben von der Weisheit Gottes, durch ihre Weisheit Gott nicht erkannte, gefiel es Gott, durch die Torheit der Predig die zu retten, die glauben" und in Vers 23f wird der Gedanke fortgeführt: "Wir aber predigen den gekreuzigten Christus, den Juden ein Ärgernis und den Griechen eine Torheit; denen aber, die berufen sind, Juden wie Griechen, predigen wir Christus als Gottes Kraft und Gottes Weisheit". Paulus tut in diesen Sätzen der Korinthischen Gemeinde, die in sich zerrissen und gespalten ist und in der die eine Partei sich schon in die zukünftige Vollendung versetzt glaubt, noch einmal in verdichteter Form den Kern der christlichen Botschaft kund: es ist der gekreuzigte Christus, das Wort vom Kreuz. Es handelt sich dabei nicht um einen Aspekt oder Teil des Evangeliums, sondern um das Ganze; das gepredigte Wort und das Wort vom Kreuz gehören zusammen; Verkündigungstheologie und Kreuzestheologie sind eins. Der Inhalt der Predigt ist die Botschaft, dass Jesus Christus "eph hapax "für uns und unsere Sünden am Kreuz gestorben ist, um uns die Gerechtigkeit und Versöhnung mit Gott (2. Kor 5, 21) und die Freiheit vom Gesetz, von Sünde und Tod (Röm 5 - 7) zu schenken. Christi Stellvertretung für uns ist ein Skandalon, eine Torheit für die vernünftige Vernunft; für den gewissen Glauben ist sie das göttliche Geheimnis und die Weisheit Gottes (1. Kor 2, 7f). In paradoxaler Verdichtung schreibt der Apostel Paulus: Gott hat die Weisheit der Welt zur Torheit gemacht, denn was vor der Welt töricht ist, das ist Weisheit vor Gott. Das ist das Wort vom Kreuz.

Die Wiederentdeckung dieser Paulinischen Gedanken ist engstens mit M. Luthers reformatorischem Durchbruch verbunden[36]. Seine theologia crucis als theologia paradoxa hat in der Heidelberger Disputation (1518) ihren konzentrierten Niederschlag gefunden[37]. In der Auslegung der 20. These heißt es im Anschluss an die eben genannte Textstelle des 1. Ko[38]rintherbriefes: "Wie es in 1. Kor 1 heißt. Weil die Welt Gott in seiner Weisheit nicht durch ihre Weisheit erkannte, darum gefiel es Gott wohl, durch die törichte Predigt die zu retten, die daran glauben. Darum wäre es für niemanden genug und nützlich, Gott in seiner Ehre und Herrlichkeit zu erkennen;

35 Vgl. Hans Pfeifer, Die Gestalten der Rechtfertigung, in: KuD 18, 1972, 179
36 Vgl auch: Regin Prenter, Bonhoeffer und der junge Luther, in: Mündige Welt IV, München 1963, 33ff
37 Vgl. Edmund Schlink, Weisheit und Torheit, in: KuD 1, 1955, 1ff
38 WA I, 362, 5f

es sei denn, dass er ihn in der Niedrigkeit und in der Schande des Kreuzes erkennt". Und weiter schreib M. Luther: "Also ist im gekreuzigten Christus die wahre Theologie und Gotteserkenntnis verankert"[39]. Die 21. These beginnt dann mit dem für D. Bonhoeffer wichtigen Satz: "Patet, quia dum ignorant Christum, ignorat Deum absconditum in passionibus", "Offenkundig ist es: Solange Christus unbekannt bleibt, bleibt der in den Leiden verborgene Gott unbekannt"[40]. In diesen Thesen des jungen Luther ist Wort- und Kreuzestheologie verbunden; sie ist der Kern und das Ganze aller Theologie. Das Wort vom Kreuz aber beinhaltet, dass Gott sich selbst erniedrigt hat bis in das Leiden und Sterben Jesu Christi am Kreuz, dass der Glaubende aber hier - verborgen unter dem Gegenteil - Gottes Kraft und Herrlichkeit für sich erfährt und erkennt. In der Hebräerbriefvorlesung (1517/18) beschreibt M. Luther zu Kapitel 12, 11 noch näher das "pro nobis" dieser theologia crucis": "Dies sind die beiden Gegensätze, die in den Schriften häufig vorkommen: Gerichtsurteil und Gerechtigkeit, Zorn und Herrlichkeit, Tod und Leben, Böses und Gutes. Und dies sind die großen Taten des Herrn. Sein fremdes Werk ist darum da, damit er sein eigentliches tue ... Wunderbar erfreut es das Herz nach Ps 4: 'der Du mich tröstest in Angst', d. h. : Du hast mir Trost bereitet. Dies nämlich bedeutet das Eingießen der Gnade, wie es in Röm 5 heißt: 'Bewährung schafft Hoffnung, Hoffnung aber lässt nicht zuschanden werden'. Dies aber ist Kreuzestheologie oder, wie der Apostel sagt: 'Das Wort vom Kreuz ist ein Anstoß für die Juden und eine Torheit für die Heiden, weil es ihren Augen völlig verborgen bleibt'".[41] Im Kreuz Christi offenbart sich Gottes Zorn und Gericht über die Sünden der Menschen; das aber ist Gottes uneigentliches Tun; sein eigentliches Tun, verborgen unter dem uneigentlichen und diese durchbrechend, ist die Liebe; sie schenkt dem Sünder, der in sich selbst verkrümmt ist und an sich selbst zu zerbrechen droht, Gnade und Hoffnung, Vergebung und neues Leben. Das Kreuz Jesu Christi ist darum der Ort des "fröhlichen Wechsels" und des "seligen Tausches"[42]: "Christi Gerechtigkeit ist meine geworden, meine Sünde aber ist seine geworden". Hier liegt die Tiefe der soteriologischen Bedeutung des "sub contrario". Zusammenfassend sei auf die schöne Textstelle in M. Luthers Schrift "De servo arbitrio" (1525) verwiesen, wo es heißt: "Ut ergo fidei locus sit, Opus est, ut omnia quae creduntur, abscondantur. Non autem remotius absconduntur, quam sub contrario obiectu, sensu, experientia. Sic Deus deum vivificat, facit illud occidendo; deum iustificat, facit illud reos faciendo; dum in coelum vehit, facit id ad infernum ducendo, ut dicit scriptura: Dominus mortificat et vivificat, deducit ad infernos et reducit, 1. Re 2"[43]. "Nun kann der Glaube nicht statt haben, es sei denn alles, das ich glaube, verborgen und unsichtbar; denn was ich sehe, das glaube ich nicht. Es kann aber ein Ding nicht tiefer verborgen werden, denn wenn es gleich widersinnig scheint, und ich es gleich anders in der Erfahrung vor Augen sehe, empfinde und greife, denn mir der Glaube weiset. Also tut

39 WA I, 362, 18f
40 WA I, 362, 23f
41 WA LVII 3, 79, 13f
42 Vgl. Luthers Werke in Auswahl, Bd 5, hrsg. Erich Vogelsang, Berlin 1933, 227, 31; ebenfalls: WA II, 145, 15f
43 WA XVIII, 633, 7ff

man Gott in allen seinen Werken, wenn er uns lebendig machen will, so tötet er uns; wenn er uns will fromm machen, trifft er uns das Gewissen und macht er uns erst zu Sündern; wenn er uns will gen Himmel aufrücken, so stößt er uns zuvor in die Hölle, wie die Schrift sagt: 'Der Herr tötet und macht lebendig; er führt in die Hölle und wieder heraus' (1. Sam 2, 6)"[44].

Diese Kreuzestheologie M. Luthers mit ihrer Verankerung in der paulinischen Theologie des Neuen Testaments haben wir auch in den späten Briefen D. Bonhoeffers vor uns: Gottes Selbsterniedrigung und Selbstoffenbarung im Leiden und Sterben Jesu Christi am Kreuz für die Sünden der Menschen; *Gottes Sich-Verbergen* in der Schwachheit *unter dem Gegenteil*. Auf unser Thema bezogen, bedeutet das: Gott entäußert sich seiner Macht und erniedrigt sich in das Leiden und Sterben Jesu Christi für die Hybris der "eigengesetzlichen" Welt und den Stolz des "autonomen" Menschen, um so den Menschen und überhaupt der ganzen Welt ihre "Mündigkeit" und "Freiheit" neu zu geben[45]. Gott lässt sich ans Kreuz drängen und ist anwesend und da im Leiden und in der Teilnahme der Glaubenden am Leiden Christi. Gleichwohl lässt Gott den "mündigen" Menschen in der scheinbar "eigengesetzlichen" Welt nicht allein (vergleiche 2. Sam 6 - 1. Kön 2; 2. Sam 11, 27; 12, 24; 17, 14. Ferner: Jes 5, 12, 19; Ps 135, 4 - 18; Gen 50, 20 u. a.; Apg 17, 28; Phil 2, 12f u. a.)[46]. Gott bleibt in, mit und unter dem Wirken des "mündigen" Menschen in der geschöpflichen Welt der Mitseiende und Begleiter in selbstzurücknehmender Niedrigkeit: deus semper minor pro nobis.

Betont somit D. Bonhoeffer in der frühen Londoner Predigt das "deus semper maior", so in den späten Briefen das "deus semper minor pro nobis". Durchsträngig weiß D. Bonhoeffer um das "Daß" der beiden "Wege" und "Linien"; durchsträngig beantwortet er das "Wie" ihrer Zuordnung von einer Kreuzestheologie her: in der frühen Predigt ist das Kreuz Christi die Durchkreuzung der eigenen Wege und Pläne der Menschen. Auch in den späten Briefen ist das Kreuz Christi der Ort, an dem Gott der "diesseitigen" Welt und dem "mündigen" Menschen den Raum für ihr Eigensein neu gibt, wie er es schon in der Schöpfung getan hat, ohne sie sich selbst zu überlassen; Gott bleibt der verborgen Mitseiende und Begleiter in, mit und unter allem geschöpflichen Eigenwirken; *erhaltend und regierend begleitet Gott die "diesseitige" Welt und den "mündigen" Menschen in Erniedrigung, Schwachheit und Leiden.*

IV. Der eine Weg

Die Gewissheit der göttlichen Vorsehung in einer "mündigen" Welt bedeutet nun für D. Bonhoeffer weder eine deterministische oder fatalistische Weltanschauung noch eine deistische oder autonomistische. Für D. Bonhoeffer ist das Eigensein der "diesseitigen" Welt und der "mündige" Mensch in Gottes erhaltendes und regierendes Mitsein und Begleiten hineingenommen. Es stellt sich nun die Frage nach dem "Wie"

44 Friedrich Gogarten, Martin Luther, Vom unfreien Willen, München 1924, 54f

45 Vgl. hierzu auch: Peter Brunner, Die Freiheit des Menschen in Gottes Heilsgeschichte, in: ders., Pro Ecclesia I, Berlin-Hamburg 1962, 122

46 Anm. 32, 146ff

des Zusammenwirkens. Dies ist das bisher noch ausgesparte Concursusthema innerhalb der Vorsehungslehre. Die "klassische" Lehre vom concursus divinus war von den Denkformen und von der Begrifflichkeit der scholastischen Ontologie geprägt[47]; durch die aristotelische Akt-Potenz- und Vier-causae-Theorie war sie in das objektivierende System scholastischer Philosophie und Schulmetaphysik eingebettet. D. Bonhoeffer wie auch K. Barth[48] haben sie von ihrem das Subjekt-Objekt-Denken durchbrechenden Ansatz her überwunden.

D. Bonhoeffer geht einmal in den letzten drei "Glaubenssätzen über das Walten Gottes in der Geschichte" in den Aufzeichnungen "Nach zehn Jahren"[49] auf dieses Thema ein, zum andern in dem Gefängnisbrief vom 21. 2. 1944; dort heißt es: "Ich glaube, wir müssen das Große und Eigene wirklich unternehmen und zugleich das Selbstverständlich- und Allgemein-Notwendige tun, wir müssen dem 'Schicksal' - ich finde das 'Neutrum' dieses Begriffes wichtig - ebenso entschlossen entgegentreten wie uns ihm zu gegebener Zeit unterwerfen. Von 'Führung' kann man erst jenseits dieses zwiefachen Vorgangs sprechen. Gott begegnet uns nicht mehr als Du, sondern auch 'vermummt' im 'Es' und in meiner Frage geht es also im Grund darum, wie wir in diesem 'Es' ('Schicksal') das 'Du' finden, oder mit anderen Worten: wie aus dem 'Schicksal' wirklich 'Führung' wird". D. Bonhoeffer unterscheidet hier im Ebner-Buberschen Sinn zwischen der Ich-Es-Relation und der Ich-Du-Beziehung[50] einmal im Bezug auf das neutrische "Schicksal", zum andern im personalen Verhältnis zu Gottes Vorsehung, Begleiten und Führung. Die Ich-Es-Relation kennzeichnet innerhalb des Subjekt-Objekt-Denkens das Verhältnis des "autonomen" Menschen zu seiner Umwelt: der Mensch ist homo cogitans und cognoscens, homo faber und homo politicus; mit seinem Verstand erfasst er die Ordnungen und "Eigengesetzlichkeiten" der geschichtlichen, gesellschaftlichen und politischen Lebensvollzüge wie auch die Gesetzmäßigkeiten in der Natur; mit seinen historischen, soziologischen, psychologischen, naturwissenschaftlichen und technologischen Kenntnissen gestaltet er manipulierend, d. h. konstruierend, aber auch destruierend, nach seinen Plänen die Zukunft. Zugleich erfährt sich der Mensch - den Gesetzmäßigkeiten der Interdependenz und des Regelkreises entsprechend - "schicksalhaft" ausgeliefert an die sogenannten "Eigengesetzlichkeiten", an die Pläne und die Entwicklungsprozesse mit ihrer Eigendynamik und ihrem Eigenrecht. In der Ich-Es-Relation steht der scheinbar "autonome" Mensch, theologisch gesprochen, *unter dem Gesetz*, das sein Autonomiestreben Lügen straft und seine Selbstverabsolutierung anklagt und richtet. Die Ich-Du-Beziehung kennzeichnet das personale Verhältnis der Menschen zu Gott und zu einander; sie konkretisiert sich innerhalb der "Führung" und Begleitung Gottes im "Tun des Gerechten"[51], in "Leiden"[52], im "Beten"[53] und "Warten auf Gottes

47 Ebd., 73ff

48 K. Barth, Kirchliche Dogmatik III 3, 102ff

49 WuE, 19

50 Vgl. auch D. Bonhoeffer, Besprechung von K. Heim, Glauben und Denken, in: Gesammelte Schriften III, München 1960, 138ff

51 WuE, „Gedanken zum Tauftag von D.W.R." und „Stationen auf dem Weg zur Freiheit"

52 Ebd., die Briefe vom 18. 7. 1944; 21. 7. 1944; 28. 7. 1944;

53 Ebd., die Briefe vom 16. 5. 1944; 10. 8. 1944; 21. 8. 1944; 23. 8. 1944

Zeit"[54].
So ist das "Tun des Gerechten", nicht das Beliebige, "sondern das Rechte zu tun und zu wagen"[55], also das verantwortliche Tun des Menschen einbezogen in Gottes Vorsehung; in Gottes Mandate ist es eingeordnet, von ihnen ist es bestimmt, so dass es im tiefsten Sinn in Gottes einem und ganzem Gebot begründet ist, das in Jesus Christus offenbar geworden ist[56]. Das verantwortliche Tun im "Vorletzten" ist "letztlich" in der personalen Beziehung des "deus iustificans" zum "homo simul peccator et iustus" begründet; in der konkreten Tat geht das eigene Ich auf den Anspruch des andern Du ein und ist da für den andern; im Du des andern begegnet dem eigenen Ich Christus[57]. Das bedeutet nun nicht, dass die verantwortliche Tat des Christen Christus gilt, sie gehört dem andern Du selbst und allein[58]. Das Tun des eigenen Ich für das Du des andern ist aber hineingenommen in die Herrschaft Christi in der Welt, also in die eine Christuswirklichkeit und so in Gottes erhaltendes und regierendes Mitsein und Begleiten[59], denn "in den Tatsachen selbst ist Gott" da[60]. Die personale Struktur der Paraklese, verbunden mit dem personalen Verhältnis des Daseins-für-den-andern, ist konstitutiv für das verantwortliche Tun des "mündigen" Christen innerhalb der einen Christuswirklichkeit im "Letzten" und "Vorletzten"[61]; es ist das Tun christlicher Freiheit und Verantwortung in und mit der göttlichen Begleitung.
Die andere Weise menschlichen Mitwirkens in christlicher Freiheit innerhalb von Gottes "Führung" und "Vorsehung" ist das *Leiden* der Christen sympathetisch mit Christus; es ist die Fortsetzung der Tat in anderer Weise. Im Leiden entscheidet sich, "ob die menschliche Tat eine Sache des Glaubens ist oder nicht ... , ob der Mensch sein Leiden als Fortsetzung seiner Tat ... versteht oder nicht"[62], denn "ohnmächtig, einsam siehst du das Ende deiner Tat. Doch atmest du auf und legst das Rechte still und getrost in stärkere Hände"[63]. Die personale Beziehung zu Gott, der das Unvermögen des nur noch auf einen andern, eben auf Gott, angewiesenen Menschen in seine gnädigen Hände nimmt, ist hier die Voraussetzung. Der Mensch kann nun gar nichts mehr tun; er kann nur sich und sein Tun allein der Treue Gottes anheim stellen; die orthodoxen Väter nannten dies den göttlichen succursus.
Die personale Beziehung ist ebenfalls konstitutiv für die Teilnahme der Glaubenden an Gottes Leiden in der Welt. In Bonhoeffers Briefen vom 18. 7. 1944[64] und vom 28. 7. 1944[65] wie auch in den "Stationen auf dem Weg zur Freiheit"[66] klingen

54 Ebd., „Gedanken zum Tauftag von D.W.R.“
55 Ebd., Stationen auf dem Weg zur Freiheit“
56 Ebd., Brief vom 23. 1. 1944
57 Vgl. D. Bonhoeffer, Sanctorum communio, München 1960[3.]
58 Ebd., 132f
59 WuE die Briefe vom 4. 6. 1943; 21. 5. 1944
60 Ebd., Brief vom 23. 1. 1944
61 D. Bonhoeffer, Ethik, München 1992, 139ff; ebenfalls: Ernst Wolf, Das Letzte und Vorletzte, in: Die Mündige Welt IV, München 1963, 17ff
62 WuE, der Brief vom 28. 7. 1944
63 Ebd., Stationen auf dem Weg zur Freiheit“
64 Ebd.
65 Ebd.
66 Ebd.

leidensmystische Töne bei diesem Thema an, doch werden sie getragen von Bonhoeffers Ausführungen zum stellvertretenden Eintreten der Christen für andere, wie es in Ex 32, 32 von Mose und in Röm 9,1ff von Paulus berichtet wird. Im Fürsein und Fürleiden sowie in der Schuldübernahme für andere stehen die Glaubenden in der personalen Gemeinschaft mit Christus, der aber als einziger und einfürallemal die Sünden der Menschen auf sich genommen hat[67].
Im Sinne der Zuordnung von "Letztem" und "Vorletztem" verbindet D. Bonhoeffer weiter das Gebet mit dem Tun und dem Leiden[68]. Äußerungen zu Gebet als antwortendem Reden mit Gott durchziehen das ganze Werk D. Bonhoeffers von "Sanctorum communio"[69] bis zu den späten Briefen[70], wie ja auch - bis auf die kurzen Zeiten der Anfechtung[71] - sein persönliches Frömmigkeitsleben in geistlicher Zucht vom Gebet bestimmt war. Im Gebet, im Bitt- und Fürbittengebet, in dem die eigene Schuld, die eigene Not und der eigene Dank, aber auch die des nahen und fernen Nächsten Schuld, Not und Dank vor Gott gebracht wird, nimmt der Beter teil am Gebet Christi zum Vater in Joh 17[72]. Dabei ist nun aber die Bitte und Fürbitte wie auch der Lob und der Dank, ermöglicht durch den heiligen Geist (Röm 8, 26), schon in Gottes "Führung" und "Vorsehung" hineingenommen und von Gottes verborgenem Mitsein und Begleiten überholt. Das Gebet ist die Grundform der Ich-Du-Beziehung von Gott und Mensch, die bei der Fürbitte das betende Ich und das Du des anderen mit der intercessio Jesu Christi vor Gott dem Vater verbindet.
In der personalen Beziehung des Miteinander und Füreinander erfahren die Glaubenden schließlich schon die Gegenwart der Christuswirklichkeit und des Reiches Gottes. D. Bonhoeffer betont wohl die präsentische Eschatologie, weiß aber zugleich um die Unabgeschlossenheit geschöpflicher Zeit in der Vorsehung Gottes als "*Warten auf die Zeit Gottes*". Dann wird Gott das "letzte" Wort sprechen über das "vorletzte" Tun, Leiden, Beten und Warten, durch das der "mündige" Mensch und die "diesseitige" Welt ganz in Gottes treue und gnädige "Führung" hineingenommen ist; so darf der Glaubende und die Gemeinde in ihrem Tun, Leiden, Beten und Warten gewiss sein.
Damit ist die "schicksalhafte" Ich-Es-Relation des Gesetzes von der Ich-Du-Beziehung zu Gott, der sich im Kreuz Christi in Niedrigkeit als der Gnädige offenbart hat, *durchbrochen* worden. Aus dem "Schicksal" wird "Führung" Gottes, der eine gnädige Weg Gottes mit den Menschen in Jesus Christus, wie D. Bonhoeffer im Brief vom 21. 2. 1944 schreibt.

V. Die Grenze

D. Bonhoeffer kennt in seiner kreuzestheologischen Providenzlehre allerdings auch die *Grenze*, die *Begrenzung* und die *Abgrenzung*. D. Bonhoeffer gebraucht in der

67 Anm. 57, 132ff
68 Vgl. Anm. 23
69 Vgl. Anm. 57, 133f
70 Vgl. auch D. Bonhoeffer, Gemeinsames Leben, München 1976[15] und ders., Nachfolge, München 1971[10]
71 WuE Brief vom 15. 12. 1943
72 Anm. 57, 133f

Regel die deutsche Übersetzung von "providentia" "Vorsehung" und von "gubernatio" "Führung" bei seinen Überlegungen zur Providenzlehre. Dies sind nun Ausdrücke, die den allgemeinen Sprachgebrauch der Machthaber des "Dritten Reiches" bestimmten. A. Hitler, der "Führer", fühlte sich von der "Vorsehung" ausersehen; sein Deutsches Reich solle nach der "Vorsehung" die "Führerrolle" unter den Weltmächten ausüben als mystifiziertes "Tausendjähriges Reich"; der Gestaltungsfaktor der staatlichen und kirchlichen Organisation war das "Führerprinzip"; in kirchlichen Verlautbarungen, so etwa in der Präambel der Verfassung der Deutschen Evangelischen Kirche vom 11. 7. 1933, wird von der gottgesetzten "Stunde" gesprochen, die im Hitlerreich erlebt wird. Menschliche Omnipotenzvorstellungen und Allmachtswünsche erhielten hier Konturen und Strukturen, legitimiert durch eine religiöse, pseudochristliche und darum unchristliche Weltanschauung. Das Mittel war die Aussparung bestimmter Einzelereignisse für einen nationalistisch-rassistischen Allerweltsglauben, dem damit Ideologiecharakter beigemessen wurde, wie es ja immer wieder in der Geschichte von Theologie, Frömmigkeit und Kirche geschieht, denkt man in der Gegenwart etwa an die Fixierung göttlichen Eingreifens in den Evolutionsprozess bei bestimmten Mutationsvorgängen oder im Geschichtsverlauf bei dynamisch-explosiven Revolutionen. D. Bonhoeffer lehnt diese Aussparung besonderer Räume für einen "deus ex machina"[73] oder "Lückenbüßergott"[74] und die damit verbundene "Metaphysizerung", wir würden sagen "Divinisierung" und "Ideologisierung", total ab, ohne Gottes kontingentes Wirken zu leugnen. E. Schlink wandte sich in ähnlicher Weise in dem Aufsatz "Die Frage nach der Erkennbarkeit des göttlichen Handelns in der Geschichte"[75] gegen die Vergöttlichung isolierter Geschichtsstunden. Allein aufgrund der Offenbarung Gottes in Jesus Christus und in seinem gegenwärtig wirkenden Wort können die Glaubenden Gottes Handeln in der Geschichte erkennen, es bekennen und von ihm sprechen. Wie bei D. Bonhoeffer wird mit diesem christozentrischen Vorsehungsglauben eine scharfe Ablehnung und Ideologiekritik gegenüber der damaligen Vorsehungsweltanschauung vorgenommen. Vertieft wird diese Ideologiekritik an der damaligen Weltanschauung durch die Kreuzestheologie: nicht in der Repräsentation menschlicher Allmachtswünsche, sondern in der Schwachheit und im Leiden, in die Jesus Christus zum Heil der Menschen einging, ist Gott im Regiment[76].

So setzt D. Bonhoeffer in der "Ergebung" seiner Gefängnissituation den "Widerstand" der Weltanschauungskritik. D. Bonhoeffer weiß ferner um die *Grenze eigenen Theologietreibens*; er richtet die Grenze auf gegen die Versuchung einer harmonisierenden Systematisierung seines kreuzestheologischen Vorsehungsglaubens, wodurch das Kreuz Jesu Christi zum Lebens- und Geschichtsprinzip wird. Geschichtliche Ereignisse, menschliches Leben und Tun,

73 WuE die Briefe vom 30. 4. 1944 und 8. 6. 1944

74 Ebd., Brief vom 25. 5. 1944

75 Edmund Schlink, Die Frage nach der Erkennbarkeit des göttlichen Handelns in der Geschichte, in: EvTh 1, 1934/35, 275ff

76 WuE, Brief vom 16. 7. 1944

zeitliche Wege und Werke werden mit der Metapher des "Fragments" bedacht, weil Gott die Grenze setzt, das Kreuz Christi Wege kreuzt und Wege durchkreuzt.
So weiß der Glaubende und die glaubende Gemeinde zunächst in Stellvertretung für die Welt um die Grenzen geschöpflicher Zeit, indem sie auf die "Zeit Gottes" warten. Gottes Ewigkeit *begrenzt* und *richtet die geschöpfliche Zeit*.
So weiß der Glaubende weiterhin darum, dass das antwortende Gebet von Gott gehört und erhört wird; das Alte Testament spricht sogar von der Reue Gottes aufgrund der Umkehr und Bitte des Menschen (Gen 6, 6; Am 7, 3, 6 u. a.). Andererseits weiß der Beter um die *Grenzen* seiner Bitten und Fürbitten im freien Willen Gottes, wenn er mit Jesus alles Gottes Willen und Wirken anheim stellt: "Dein Wille geschehe" (Mt 26, 39).
So hat ferner das Mitleiden und Kreuz-auf-sich-nehmen der Glaubenden seine Grenze. Die Teilnahme des Christen am Leiden Christi hat ihre Grenze am Einmal und Einfürallemal des Leidens und Sterbens Christi für die Erlösung der Sünder. Alle Leidensnachfolge wird *von diesem Einmal und Einfürallemal durchkreuzt* und gerichtet, aber auch gnädig gehalten und hindurchgetragen. Aber auch dem Leiden mit und für den andern ist die Grenze zugesagt. In dem Textstück "Nach zehn Jahren" heißt es im Teil über das "Walten Gottes in der Geschichte: "Ich glaube, dass Gott uns in jeder Notlage soviel Widerstandskraft geben will, wie wir brauchen". Anfechtungen, *Leiden* und Bedrängnisse, von Gott gesandt, haben ihre *Grenze*, sie werden nicht über unser Vermögen hinausgehen, Gott wird ihnen zur rechten Zeit ein Ende machen. An diese Verheißung klammert sich die in Gottes Gnade gründende Glaubensgewissheit.
So erfährt schließlich die in Gottes erhaltendes, begleitendes und regierendes Wirken hineingenommene *Tat* für den anderen ihre *Grenze*. Die "klassische" Providenzlehre wusste davon durch ihre Unterscheidung beim göttlichen Begleiten zwischen dem praecursus, concursus und succursus divinus[77]. Der letzte Aspekt wusste die von Gott begleitete Tat des Menschen von ihrer Wirkung zu unterscheiden, ohne sie von einander zutrennen. Auch die möglichen Folgen einer verantwortlich entschiedenen Tat hat ihre Grenze in der allein bei Gott liegenden Wirkung.
Die Begrenzung und Durchkreuzung, die der Glaubende im Licht des Kreuzes Christi als Gottes *Gericht*, aber auch als seine *Geduld und Treue* erfährt, hat ihren Grund in der Freiheit der Liebe des dreieinen Gottes. Gott erhält, begleitet und regiert verborgen das Tun des "mündigen" Menschen; Gott ist verborgen gegenwärtig in, mit und unter den sog. "Eigengesetzlichkeiten" der scheinbar "autonomen" Welt trotz des Aufbegehrens dieser "autonomen" Welt gegen Gott. Denn trotz seines Zorns über die Sünden der Menschen lässt Gott in seiner Geduld, Liebe und Treue die "mündigen" Menschen und die scheinbar "autonome" Welt *dennoch* nicht allein; er begleitet sie und lenkt sie im freien Wollen seiner Vorherbestimmung, die Wege des Menschen hineinnehmend, aber sie auch begrenzend. Gottes Vorherbestimmung zur Erwählung und zur Verwerfung ist dabei das "Letzte" gegenüber seinem Begleiten und "Führen"

77 Anm., 32, 105f

des “mündigen” Menschen in der “weltlichen” Welt als dem “Vorletzten”[78]. Das vorherbestimmende und vorsehende Wirken des in seiner Fürsorge und Treue freien Gottes als das verborgen gegenwärtige Erhalten der “mündigen“ Menschen, aber ebenfalls auch die Begrenzung des Eigenwirkens der scheinbar “eigengesetzlichen“ Welt und der scheinbar “autonomen“ Menschen, wie sie allein vom Kreuz Jesu Christi her offenbar ist, bleibt in seiner Paradoxalität *göttliches Geheimnis*.

Die Brieffragmente in “Widerstand und Ergebung” sagen es als persönliches Glaubenszeugnis des Schreibers aus; das Dank- und Trostlied “Von guten Mächten”, die Aphorismen “Stationen auf dem Weg zur Freiheit”, die Bekenntnissätze aus “Nach zehn Jahren” stellen verschiedene Gattungen persönlicher Glaubensantworten dar auf Gotte freies Wirken in Prädestination und Providenz (Röm 8, 28f; Gen 50, 20); sie sind Aussagen über Gottes verborgene Wege, die die Wege des freiverantwortlichen Menschen im “diesseitigen” Weltgeschehen begleiten, lenken und begrenzen und in die Christuswirklichkeit hineinnehmen. Der Spruch der älteren Weisheit in Prov 16, 9, über den D. Bonhoeffer 1934 vor Emigranten in London predigte, ordnet entsprechend Glaubens- und Welterfahrung einander zu und verbindet sie im Geheimnis der göttlichen Führung, Begleitung und Begrenzung des “mündigen” Menschen in einer scheinbar “autonomen” Welt.

Das “deus semper maior” der Londoner Predigt und das “deus semper minor pro nobis” der späten Gefängnisbriefe sind aber in D. Bonhoeffers kreuzestheologischer Vorsehungslehre nicht von einander zu trennen: “*deus semper minor pro nobis*” bedeutet “*deus semper maior*”.

78 WuE die Briefe vom 2. Advent 1943 und vom 30. 4. 1944 sowie der Predigtentwurf über die Prädestination (1935) zu 1. Kor 1, 18 in: D. Bonhoeffer, Gesammelte Schriften IV, München 1961, 204ff

Schuldübertragung oder Schuldübernahme

Stellvertretung als dogmatisch-ethisches Thema

Man war zusammengekommen in der Stadt voller Trümmer und Schutt, in der nur das letzte Gelb der Hänge des Killesberges auf einen neuen Frühling hoffen ließ. Der Rat der EKD traf mit Vertretern der Ökumene zusammen. Eben erhob sich einer der deutschen Pfarrer; einen Brief überreichend sprach er: "Wir sagen dies Wort Ihnen, weil wir es Gott sagen. Tun Sie das Ihrige, dass diese Erklärung nicht politisch missbraucht wird, sondern zu dem dient, was wir gemeinsam wollen"[1]. Und man hörte und las - Vissert' Hooft, Pierre Maury, Hendik Kraemer, Präsident Koechlin, Bischof Bell von Chichester u. a.: "Was wir unseren Gemeinden oft bezeugt haben, das sprechen wir jetzt im Namen der ganzen Kirche aus: Wohl haben wir lange Jahre hindurch im Namen Jesu Christi gegen den Geist gekämpft, der im nationalsozialistischen Gewaltregiment seinen furchtbaren Ausdruck gefunden hat; aber wir klagen uns an, dass wir nicht mutiger bekannt, nicht treuer gebetet, nicht fröhlicher geglaubt und nicht brennender geliebt haben"[2]. Unterschrieben war diese Erklärung u. a. von den Bischöfen Wurm, Meiser und Dibelius sowie von den Pastoren M. Niemöller und H. Asmussen. Das war am 19. Oktober 1945: das sogenannte "Stuttgarter Schuldbekenntnis". Nach der Schreckensherrschaft, in der "Wille zur Macht" und Gewalt gegen andere in den Untergang trieben, in der durch Schuldübertragung produzierte Sündenböcke in zynischster Weise zum Holokaust geführt wurden - hier das Sünden- und Schuldbekenntnis der Kirche in Schuldübernahme, verbunden mit dem Ruf zur Buße.

Was damals geschah, ist nicht Historie. Schon aus dem Alltagsleben wissen wir, dass eigenes Versagen und eigene Schuld in selbstgerechter Form abgeschoben und auf andere übertragen wird. Selbst in der christlichen Gemeinde kommt das vor. Im weltweiten Maßstab wird in unserer interdependenten Weltgemeinschaft eigener Wohlstand oft zu Lasten anderer aufgebaut. Diese Übertragungsvorgänge durchsichtig zu machen, hat der französische Literaturwissenschaftler, Ethnologe und Soziologe R. Girard in dem Buch "La violence et le sacré"[3] unternommen. Seine im Sündenbockmechanismus konvergierende Theorie lässt sich wie folgt zusammenfassen:

a) Im Bemühen, die primitiven Religionen soziologisch zu erklären, schreibt Girard den Opferriten eine vitale Bedeutung für das Überleben dieser Gesellschaft zu .

b) Gewalt bestimmt das Zusammenleben in der Gesellschaft, Gewalt, die wieder

---

1 KJ 72-75 (1945-1948) 25

2 Ebd. 26

3 R. Girard, La violence et le sacre´, Paris 1972; vgl. ders., Das Evangelium legt die Gewalt bloß, in: Orientierung 38 (1974) 53-56; R. Schwager, Gewalt und Opfer, in: Orientierung 38 (1974) 41-44

Gewalt erzeugt.
c) Die Nachahmung, die Mimesis, eines Vorbildes im Begehren eines bestimmten Objektes bringt Rivalität, Gewalt, Krieg aller gegen alle hervor.
d) Nur indem die gegenseitige Gewalt sich einmütig gegen einen Sündenbock richtet, auf den die Schuld für das Gewaltchaos übertragen wird, findet die Gesellschaft den Frieden wieder.
e) Im immer neu zu vollziehenden Opferritus werden die gewaltsamen Aggressionen übertragen und nach außen geleitet und so der innere Frieden garantiert und die Gesellschaft vor dem selbstmörderischen Untergang erlöst.
f) Schuldübertragung, wie sie sich im Sündenbockmechanismus manifestiert, übt damit eine versöhnende und erlösende Funktion aus.
Der römisch-katholische Theologe R. Schwager hat versucht, diese Kategorien für die biblische Exegese und den christlichen Glauben fruchtbar zu machen[4] durch eine Universalisierung menschlicher Schuldübertragung in Jesu Opfertod am Kreuz. Systematisch-theologisch, d. h. dogmatisch-ethisch, stellen sich dazu folgende Fragen:
1. Wie gestalten sich im Blick auf Jesu Christi stellvertretende Erlösungs- und Versöhnungstat für die Schuld der Menschen das Verhältnis von *Schuldübertragung und Schuldübernahme*?
2. Wie gestaltet sich das *Verhältnis* von Christi Stellvertretungstat am Kreuz zur Stellvertretung der christlichen Gemeinde in der Nachfolge?
3. Welche *ethische* Bedeutung hat die Schuldübernahme Christi und der Christen?
D. Bonhoeffer und M. Luther haben als Theologen sehr existentiell mit diesen Fragen gerungen; sie sollen bei unserem systematisch-theologischen Bedenken die Richtung weisen.

1. Systematisch-theologische Überlegungen zum Stellvertretungsgedanken bei D. Bonhoeffer

Modellhaft für das "Stuttgarter Schuldbekenntnis" steht das Schuldbekenntnis der Kirche in D. Bonhoeffers "Ethik: " ... ich muss erkennen , dass gerade meine Sünde an allem schuld ist. Ich bin schuldig des feigen Verstummens, wo ich hätte reden sollen, ich bin schuldig der Heuchelei und der Unwahrhaftigkeit angesichts der Gewalt, ich bin schuldig der Verleugnung der Ärmsten meiner Brüder, ich bin schuldig der Untreue und des Abfalls von Christus ... Die Kirche bekennt ..."[5] und dann folgen die konkreten Konfessionen in der Schuldgemeinschaft aufgrund der stellvertretenden Schuldübernahme durch die Gemeinde. In dieser Weise konzentriert sich während der drei Phasen von Bonhoeffers christlicher und theologischer Existenz[6], d. h. bei den dogmatischen Überlegungen zur "Communio sanctorum"[7],

4 R. Schwager, Brauchen wir einen Sündenbock? Gewalt und Erlösung in den biblischen Schriften, München 1978; vgl. ders., Zur biblischen Lehre von der Gewaltfreiheit (VB-Materialien Versöhnungsbund '80)
5 D. Bonhoeffer, Ethik. Zusammengestellt u. hg. v. E. Bethge, München 1958[4], 49
6 Vgl. E. Bethge, Dietrich Bonhoeffer. Eine Biographie, München 1967[3]
7 D. Bonhoeffer, Sanctorum communio. Eine dogmatische Untersuchung zur Soziologie der Kirche (TB 3), München 1960 [3]

beim pastoralen Bedenken der "Nachfolge"[8] wie in den Fragmenten der "Ethik"[9] und der Briefe von "Widerstand und Ergebung"[10] das christliche Lebensprinzip in der stellvertretenden Schuldübernahme.

1.1. Die Stellvertretung Jesu Christi

In Bonhoeffers Dissertation findet sich an entscheidender Stelle die dichte Aussage über Jesu Christi Stellvertretungstat am Kreuz: "Als Unschuldiger nimmt Jesus Schuld und Strafe der andern auf sich, und indem er selbst als Verbrecher stirbt, ist er verflucht, denn er trägt die Sünden der Welt und wird für sie gestraft; am Verbrecherkreuz aber triumphiert die stellvertretende Liebe, der Gehorsam gegen Gott über die Schuld, und damit ist Schuld tatsächlich gestraft und überwunden. Dies ist die knappe Anschauung von der Stellvertretung Christi"[11]. Jesus Christus, Sohn Gottes, ist wirklich Mensch geworden, eingebunden in die Natur-, Schuld-, Straf- und Leidensgemeinschaft der Menschen. Als Unschuldiger nahm er für die anderen die Schuld, aber auch die Strafe für die grenzenlose Selbstübersteigerung der Menschen gegen Gott mit dem ehernen Gesetz des Todes und dem Leiden der seufzenden Kreatur in der Folge auf sich. Der Unschuldige wird als Schuldiger gestraft für die Schuldigen; der Lebende stirbt den Tod für die Sterblichen; der Erhöhte erniedrigt sich ins Leiden der Menschen am Kreuz; eben der *Sündlose wird Sünder für die Sünder, um die Sünder zu rechtfertigen,* nicht ihre Sünde. So lässt die Stellvertretungstat Jesu Christi - wie Bonhoeffer sie bedenkt - die Kreuzestheologie des Apostel Paulus durchscheinen: die Torheit der stellvertretenden Schuld- und Strafübernahme als Weisheit der göttlichen Erlösungs- und Versöhnungstat. Durch die totale Selbstentäußerung Christi für die mit Gott zerrissene Menschheit im Gehorsam gegen den Vater versöhnt Jesus die Schuldigen mit Gott; dabei erweist sich der Zorn, den der gerechte Gott in innerer Anteilnahme an der Schuld der Menschen erleidet in Christi stellvertretendem Leiden und Sterben, als erbarmende Liebe des Vaters.

Jesus Christus versöhnt in seinem Kreuz die Menschen mit Gott, und er erlöst sie in der Auferstehung von der bestimmenden Macht der Sünde, des zwingenden Gesetzes sowie von den ehernen Gewalten des Todes. Damit gibt für Bonhoeffer die *freie Schuldübernahme* des Unschuldigen in der Ohnmacht des Kreuzes - also nicht eine gewaltsame Schuldübertragung selbstgerecht Schuldiger - den *Grund für die teure Gnade der Versöhnung und Erlösung* ab. Die teure Gnade der Versöhnung und Erlösung Jesu Christi aber nimmt die Christen in sich hinein.

1.2. Die Gleichgestaltung mit Christus in der Nachfolge: die Stellvertretung des Gemeinde[12]

8 D. Bonhoeffer, Nachfolge, München 1971 [10]

9 Anm. 5

10 D. Bonhoeffer, Widerstand und Ergebung. Briefe und Aufzeichnungen aus der Haft, Hg. E. Bethge. Erw. Neuausgabe, München 1970

11 Anm. 7, 106

12 Vgl. auch: H.-J. Held, Schuldübernahme als Ausdruck der Christusnachfolge bei M. Luther und D. Bonhoeffer, in: Konsequenzen. Dietrich Bonhoeffers Kirchenverständnis heute, Hg. E. Feil/I. Tödt, München 1980, 140ff

Wie bei Jesus Christus, so gilt auch bei den Glaubenden und der christlichen Gemeinde die *Stellvertretung mit der Schuldübernahme* als Kern des *Lebensprinzips*. Christus gehorchend stehen sie in der Nachfolge und d. h. auch in der Nachfolge unter dem Kreuz.

Ihre Nachfolge konkretisiert sich wie bei Jesus - so beschreibt D. Bonhoeffer in allen Phasen seines Lehrens und Lebens, also auch nach der sog. Zäsur vom 30. April 1944 in den Gefängnisbriefen[13] - im stellvertretenden Dasein-für-andere: "Einer trägt den andern in tätiger Liebe, Fürbitte und Sündenvergebung in der völligen Stellvertretung, die nur in der Gemeinde Christi möglich ist ..."[14]. Entfaltet man diesen dicht gebundenen Satz von weiteren Äußerungen Bonhoeffers zu diesem Text her, so konkretisiert sich die Stellvertretung der Gemeindeglieder zuächst im bedingungslosen *Fürsein-für-den-anderen*. Wie Christus einging in die menschliche Gemeinschaft mit ihren Sorgen, Lasten und Leiden und diese ertrug im helfenden Dienst, so trägt der christliche Bruder stellvertretend für die Brüder und Schwestern die Lasten und Leiden und hilft in der verantwortlichen Tat, d. h. im Tun des Gerechten. "Einer trage des andern Last, so werdet ihr das Gebot Christi erfüllen" in liebender Hingabe (Gal 6, 2); immer wieder beruft Bonhoeffer sich auf diesen Satz des Paulus. Seinen tiefsten Ausdruck findet dieses Fürsein-für-den-anderen in Stellvertretung "im freiwilligen Tragen des göttlichen Zorns anstelle der Brüder"[15]; Bonhoeffers Stellvertretungstheologie schloß ja den gerechten Zorn Gottes über die Sünden der Menschen bewußt ein. Der Bruder darf das stellvertretende Tragen des Zorns Gottes erbitten, wie der Apostel Paulus es in der Nachfolge des Strafleidens Christi tat (Röm 9, 11ff). Nicht als eigener heroischer Akt soll das mißverstanden werden, wofür Bonhoeffer auch bei Mose in Ex 32, 32 Anzeichen entdeckt, sondern als liebende Hingabe für den anderen in der Nachfolge unter dem Kreuz.

Stellvertretende Schuldübernahme konkretisiert sich dann in der *Fürbitte* der Gemeinde und der Glieder füreinander und für die Welt. Im fürbittenden Gebet übernimmt die christliche Gemeinde die Lasten und Leiden, aber gerade auch die Schuld der anderen, vor allem der einzelnen Gemeindeglieder. Die Gemeinde trägt sie mit und bringt sie im Gebet als Fürsprecher vor Gott, wie Christus die Not und Schuld der Gemeinde im Hohenpriestergebet vor Gott brachte. "Die Fürbitte ist gegründet in der Erkenntnis, dass die Gemeinde die Schuld des einzelnen trägt, dass jeder schuldig ist am Tod Christi"[16]. Dieser priesterliche Dienst findet schließlich seine Konzentration in der gegenseitigen *Schuldvergebung* im Namen Jesu Christi. "Was der Bruder da tut, ist letztmögliches Geschehen in der Gemeinde. Er lädt die Sünde, die er vergibt, auf sich selbst, weil er weiß, dass Christus seine Sünde trägt. Also kann er die des anderen nehmen. In dem, was da geschieht, handelt der Christus praesens"[17] Stellvertretende Schuldübernahme geht so der liebenden Hingabe, dem fürsprechenden Gebet und der zusagenden Vergebung im Namen Jesu voraus.

---

13 Anm. 6, 964f

14 Anm. 7, 139

15 D. Bonhoeffer, Gesammelte Schriften Bd 5, Hg. E. Bethge/O. Dudzus, München 1972, 265

16 Ebd., 266

17 Ebd., 269

Die Form der Schuldübernahme bei der Absolution ist nun untrennbar verbunden mit der bei der ethischen Verantwortung. Die *ethische Verantwortung* im Dienst für den anderen schließt die Schuldübernahme um des Nächsten willen in der einen Christuswirklichkeit der Welt mit ein. Denn "in diesem sündlos-schuldigen Jesus Christus hat nun jedes stellvertretend verantwortliche Handeln seinen Ursprung. Gerade weil und wenn es in ihm ganz um den anderen Menschen geht, weil und wenn es aus selbstloser Liebe zum wirklichen menschlichen Bruder hervorgeht, kann es sich der Gemeinschaft der menschlichen Schuld nicht entziehen wollen"[18]. Die Intention von M. Luthers Ethik der Verantwortung für den Nächsten bis zum eigenen Schuldigwerden ist hier aufgegriffen worden. Die *Schuldübernahme Christi und der Gemeinde* und ihrer Glieder hat für Bonhoeffer *nichts gemein* mit dem Gedanken einer *Schuldübertragung*, ja Bonhoeffers Stellvertretungstheologie schließt selbstgerechte und selbstsüchtige Übertragung von Schuld und Strafe nach dem Sündenbockmechanismus aus.

1.3. Das Verhältnis von Christus und den Christen bei der Schuldübernahme

Wie ist auf diesem Hintergrund das Verhältnis von Christus und den Christen bei der Schuldübernahme zu verstehen? Für Bonhoeffer ist dieses Verhältnis durch den biblisch-theologischen Gedanken von Nachfolge begründet. *Nachfolge* bedeutet nicht *Nachahmung* oder Mimesis aus selbstmächtigem oder eigenwilligem Entschluß, sondern hörenden Gehorsam in der Bindung an die Person Jesu durch Christus selbst; sie drängt zur Hingabe ganz in personaler Gemeinschaft mit dem, der vorangeht. So wird die Gemeinde in der Nachfolge gleichgestaltet mit Christus; das bedeutet: "Christus bleibt der einzige Gestalter. Nicht christliche Menschen gestalten mit ihren Ideen die Welt, sondern Christus gestaltet die Menschen zur Gleichgestalt mit ihm"[19]; sie umfasst Denken und Handeln, Gefühl und Vernunft, Leben und Leiden, ihre Mitte und ihre Grenze und so auch die Schuldübernahme. Dabei bedeutet Gleichgestaltung ein dogmatisch-ethisches Geschehen, kein mystisches, denn bei einer gewissen Entsprechung zwischen Christus und den Christen, etwa in der Schuldübernahme für andere, liegt der Unterschied innerhalb dieser personalen Nachfolgegestalt darin, dass Christus allein der *Ursprung* und das *Subjekt* dieser Gleichgestaltung bleibt.

Mit dieser Umschreibung ist das befragte Verhältnis aber theologisch noch nicht eindeutig gefasst. Was ist der eigentliche Unterschied zwischen Christus und den Christen bei ihrer personalen Gleichgestaltung? Was verbindet sie und wodurch sind sie verbunden in der Nachfolge, eben was ist der Gehalt dieser Gleichgestalt? Einen kurzen Hinweis für die weitere theologische Klärung gibt Bonhoeffer meiner Ansicht nach in der Vorlesungsnachschrift über "Das Wesen der Kirche"; er verweist wie so oft auf M. Luther: "Christus selber ist ja nicht nur donum" - d. h. auch sacramentum -, "sondern auch exemplum (Luther). Donum ist er in absoluter Gültigkeit. Aber er steht auch als Mensch vor dem Bruder in der relativen menschlichen

18 Anm. 5, 187

19 Ebd., 24

Vorbildlichkeit"[20]. Dem ist weiter nachzugehen.

2. Systematisch-theologische Überlegungen zum Stellvertretungsgedanken bei M. Luther

Ehe wir diesen Hinweis weiter verfolgen, soll aber zunächst die Andeutung einer dogmatisch-ethischen Entsprechung von Bonhoeffers Stellvertretungstheologie bei Luther kurz verifiziert werden.

2.1. Das stellvertretende Strafleiden Jesu Christi

In Luthers Kreuzestheologie bedeutet Christi Selbstentäußerung bis ins Leiden und Sterben am Kreuz die alles entscheidende Versöhnungs- und Erlösungstat für die Menschen. Für die Sünder übernahm Jesus, selbst ganz ohne Sünde, die Schuld der Menschen und trug die Strafe des gerechten Zornes Gottes freiwillig im Gehorsam gegen den Vater[21]; gerade hierdurch aber macht Jesus die erbarmende Liebe Gottes zur in Unglaube und Ungehorsam schuldig verstrickten Menschheit offenbar. Denn Jesus Christus versöhnt zum einen durch sein stellvertretendes Strafleiden die Menschen wieder mit Gott; zum anderen erlöst er aufgrund der Auferstehung im Kreuz als Sieger, verborgen unter dem Gegenteil, die Menschen von den noch bedrückenden Mächten der Sünde, des Gesetzes, des Todes und aller bösen Gewalten. Diese Versöhnungs- und Erlösungstat Jesu Christi für uns Menschen wird uns in der Rechtfertigung und Heiligung zugeeignet; sie hat Geltung in uns. Sie ist die Tat extra nos pro nobis und in nobis. Zentrale Textstellen[21a] der Paulusriefe wie 2. Kor 5, 19ff; Gal 3, 13; Röm 5, 5, 9ff; 6, 1ff; 7, 6; 1. Kor 15, 54ff u. a. geben Luther das theologische Fundament, auf dem auch Bonhoeffer baut.
Hinter diesem Bedenken des stellvertretenden Strafleidens Jesu Christi als der Versöhnungs- und Erlösungstat für die Menschen steht die breite Diskussion über dieses Thema, die vor allem in den vierziger Jahren in Skandinavien geführt wurde und bis in die Lutherforschung der Gegenwart auch bei uns in Deutschland weiterwirkt[22]. G. Aulén hatte damals in einer motivgeschichtlichen Studie[23] drei Hauptypen des christlichen Versöhnungsgedankens herausgearbeitet; er unterscheidet zwischen den "klassischen" Christus-victor-Motiv, dem "lateinischen", vom Legalismus geprägten Satisfaktionsmotiv des Anselm, und dem "ethizistisch"-humanisten Motiv des 19. Jahrhunderts. Bei Luther erkennt er nur das "klassische"

20 Anm. 15, 269

21 Hierin unterscheidet sich M. Luther auch von Augustin, der zwischen culpa und poena trennt; vgl. u. a. O. Tiililä, Das Strafleiden Christi. Beitrag zur Diskussion über die Typeneinteilung der Versöhnungsmotive, Helsinki 1941. Auch die Aussagen über den Zorn Gottes, die im Blick auf Gottes Gerechtigkeit gegenüber dem Sünder bei M. Luther entscheidende Bedeutung haben (vgl. u. a. K. Holl, Was verstand Luther unter Religion?, in: ders., Gesammelte Aufsätze zur Kirchengeschichte, Bd. 1, Tübingen 1923 [3], 42f; G. Rost, Der Zorn Gottes in Luthers Theologie, in: LR 1961, 2ff), treten bei Augustinus zurück; vgl. L. Pinomaa, Der Zorn Gottes. Eine dogmengeschichtliche Übersicht, in: ZSTh 17 (1940), 600ff. Ansonsten aber steht Luther, gerade der junge Luther, in starkem Maße in der Augustinischen Tradition; vgl. B. Lohse, Die Bedeutung Augistins für den jungen Luther, in: KuD 11 (1965), 116ff.

21a Vgl. M. Hengel, Der stellvertretende Sühnetod Jesu. Ein Beitrag zur Entstehung des urchristlichen Kerygmas, in: IkaZ 9 (1980) 1-25,135-147

22 Zu erwähnen sind u. a. P. Althaus, E. Schlink

23 G. Aulén, Die drei Haupttypen des christlichen Versöhnungsgedankens, in: ZSTh 9 (1931) 501ff

Erlösungsmotiv, die Überwindung der Mächte der Sünde, des Todes und des Bösen als Versöhnungstyp an. Doch spannt er Luther um der motovgeschichtlichen Einordnung willen zu sehr in ein Prokrustesbett. Die Erlösung im Sieg Christi über die noch herrschenden Mächte ist bei Luther untrennbar verbunden mit der Versöhnung Gottes mit den Sündern im stellvertretenden Strafleiden Jesu Christi durch seine Schuld- und Strafüberahme für die Schuldigen. Der finnische Dogmatiker O. Tiililä hat wichtige Ergänzungen zu G. Auléns Interpretation beigebracht[24], die bis heute in der Forschung wirksam sind.

Die stellvertretende Schuld- und Strafübernahme als Versöhnungs- und Erlösungstat Jesu Christi für die Sünder findet bei Luther ihre Verdichtung in der Metapher vom *"fröhlichen Wechsel" und "seligen Tausch"*: " ... das was Christus hat, das ist eigen der gläubigen Seele; was die Seele hat, wird eigen Christi"[25]; oder wie es in Luthers bekanntem Brief an den Augustiner-Mitbruder Georg Spenlein heißt: " ... lerne Christus, und zwar den Gekreuzigten. Lerne ihm singen und an Dir selbst verzweifelnd zu ihm sagen: Herr Jesus, du bist meine Gerechtigkeit, ich aber bin Deine Sünde; Du hast das Meine an Dich genommen und mir das Deine gegeben. - ... tu, Domine Ihesu, es iustitia mea, ego autem sum peccatum tuum; tu assumsisti meum, et dedisti mihi tuum ..."[26]. Durch Luthers ganzes Werk zieht sich die metaphorische Rede von Christi versöhnender und erlösender Schuldübernahme für uns als "seligem Tausch". Der römisch-katholische Theologe Th. Beer hat kürzlich in dem Buch "Der fröhliche Wechsel und Streit"[27] die Fülle der Textnachweise zusammengetragen. Aus all diesen Texten springt unübersehbar ins Auge, dass Christus extra nos pro nobis das *Subjekt der Schuldübernahme* ist; von der Schuldübertragung als selbständigem Akt von uns Menschen ist auch in der Metapher vom "seligen Tausch" nicht die Rede.

2.2. Die Gleichförmigkeit der Gemeinde mit Christus: die Stellvertretung der Gemeinde

An Christi Stellvertretungstat nehmen die Christen und die christliche Gemeinde Anteil; Christi Versöhnungs- und Erlösungstat ist ein *exklusives und dadurch auch inklusives* Geschehen: wie Christus einzig für euch getan hat, so auch ihr füreinander und für ihn. Aus der breiten Spanne der Beispiele[28] sei noch einmal Luthers Brief an Spenlein herausgegriffen; nach der Beschreibung des "seligen Tausches" durch Christi Schuldübernahme am Kreuz fährt Luther fort: "Wenn Du dies fest glaubst ..., so nimm auch die unordentlichen und irrenden Brüder an, trage sie geduldig, mache ihre Sünden zu Deinen und, wenn Du etwas Gutes an Dir hast, dann lass es ihr Gutes

24 Vgl. Anm. 21

25 BoA 2, 15,30f

26 WA.B 1, 35, 24ff; es ist der Brief an G. Spenlein nach Memmingen vom 8.4.1516; vgl. den gleichen Wortlaut u. a. In: BoA 5, 227,26ff

27 Th. Beer, Der fröhliche Wechsel und Streit. Grundzüge der Theologie Martin Luthers, Slg. Horizonte NF 19, Einsiedeln 1980, 15ff

28 U. a. sei verwiesen auf: Von der Freiheit eines Christenmenschen (BoA 2, 25, 12ff); Tessaradecas consolatoria pro laborantibus et oneratis (WA 6, 131, 12ff); Ein Sermon von dem hochwürdigen Sakrament des heiligen wahren Leichnams Christi und von den Bruderschaften (BoA 1, 198, 31ff; 199, 30ff; 202, 26ff; 204, 40ff; 211, 19ff)

sein"[29]. In Entfaltung bedeutet dies, dass die Christen wie Christus die Lasten, Sorgen und Anfechungen der anderen mittragen. Das ist der *priesterliche* Dienst, der auch ihnen gilt, indem sie in Schuldübernahme füreinander und für andere betend vor Gott eintreten und, verbunden durch die Schuldgemeinschaft, im Auftrag Jesu Christi die Vergebung einander zusagen. Aber auch der verantwortliche Dienst für die anderen kann, wie erwähnt, Schuldübernahme um des Nächsten willen einschließen[30]. Geltung findet das bei Luther allein in der Gewissheit, dass Christus in seiner Schuldübernahme auch diese Schuld mitträgt.
Christi einmalige Schuld- und Strafübernahme am Kreuz vergegenwärtigt sich in der Gemeinde und im Leben der Glaubenden bei der Predigt des Wortes Gottes, bei der Taufe, beim Abendmahl und der Beichte; das *"extra nos pro nobis"* wird zum *"in nobis"*, die Glaubenden werden Christus *gleichförmig*[31], wie Luther verschiedentlich sagt. Er führt es am Abendmahl wie folgt aus: "Als Christus dieses Sakrament einsetzte, sprach er: 'Das ist mein Leib, der für euch gegeben wird; das ist mein Blut, das für euch vergossen wird. Sooft ihr das tut, denkt dabei an mich als Sprecher. Ich bin das Haupt, ich will der erste sein, der sich für euch hingibt, will euer Leid und Unfall mir gemein machen und für euch tragen, auf dass ihr auch mir und untereinander so tut und alle Lasten in mir und mit mir gemein sein. Und lasst euch dieses Sakrament zu einem gewissen Wahrzeichen werden, dass ihr meiner nicht vergesst'"[31a]. Luther beschreibt dieses Verhältnis von Christus und den Christen als Gleichförmigkeit, conformitas[32], er verlebendigt so das Pauluszeugnis in Phil 3, 10, 21 und die paulinischen Aussagen vom Leben der Gemeinde in Christus wie u. a. Gal 2, 17ff; 2. Kor 5, 17ff; Röm 8, 38f, und Bonhoeffer tut es entsprechend durch die Kategorie der Gleichgestaltung mit Christus in der Schuldübernahme füreinander. Nicht um eine mystische imitatio-Frömmigkeit handelt es sich, nach der ein Mensch aus eigenem Willen mit Christus konform wird; vielmehr hat diese Gleichförmigkeit allein in Christus selbst ihren Grund und ihre Ursache; "nicht ich, sondern Christus wirkt in mir" pflegt Luther aus Gal 2, 20 dann zu zitieren[33]. Chistus bleibt das *Subjekt* der exklusiven und damit auch inklusiven Versöhnungs- und Erlösungstat. Hiermit ist aber noch nicht Letztes gesagt. Vom theologischen Inhalt ist die Kategorie der Gleichförmigkeit noch näher zu bestimmen.

2.3. Das Verhältnis von Christus und den Christen bei der Schuldübernahme

Bonhoeffer hat nun - wie erwähnt - einen Hinweis bei M. Luther gegeben, der für die denkerische Bestimmung des Verhältnisses von Schuldübernahme Christi und der Christen hilfreich sein kann; er selbst hat ihn nicht weiter bedacht. Es ist dies die Kennzeichnung der Stellvertretung Christi als sacramentum und als exemplum, d. h. als Versöhnungs- und Erlösungsgeschenk im sog. "seligen Tausch" und als Vorbild

29 WA.B 1, 35, 37f

30 Vgl. M. Luther, Von weltlicher Obrigkeit ... (BoA 2, 368, 30ff; 369, 40ff); ders., Von der Freiheit eines Christenmenschen (BoA 2, 25, 12ff)

31 U.a. BoA 1, 203, 11

31a M. Luther, Sermon von dem hochwürdigen Sakrament ...,in: BoA 1, 200, 6ff

32 Vgl. M. Luther, Hebräerbriefvorlesung (WA 57, 91, 20)

33 BoA 1, 159, 39f

oder besser Ursprung der Gleichgestaltung mit ihm. Wir finden diese begriffliche Bestimmung und Unterscheidung z. B. am Schluß des "Sermons von der Betrachtung des heiligen Leidens Christi" (1519). Durch das ganze Werk des Reformators aber zieht sich diese Beschreibung, wie W. Jetter in einem Exkurs in "Die Taufe beim jungen Luther" zeigt[34] und wie der römisch-katholische Lutherforscher E. Iserloh in seiner gelehrten Studie "Sacramentum et exemplum" nachweist[35], auf deren Materialien sich auch Th. Beer stützt[36]. "Das sacramentum ist Voraussetzung des exemplum, die Christusexistenz wird zur Christusnachfolge"[37], denn weil Christus den Menschen in allem gleichförmig wurde, können sie ihm gleichgestaltet werden. Luther hat das Begriffspaar von Augustin "De trinitate" IV 3 übernommen[38]. Luther greift diese Nomenklatur nicht auf, um das Heilsgeschehen in Jesus Christus verobjektivierend auf den Begriff zu bringen. Als ausgesprochen existentiell denkender Christ und Theologe bezieht er sie als Hilfswörter in seine Kreuzestheologie mit ein, die - "zum Bade geführt", d. h. getauft[39] - die Einzigartigkeit der Stellvertretungstat Jesu Christi für die Sünder bedenken und beschreiben helfen, mit der die christliche Gemeinde gleichgestaltet wird; diese Begriffe helfen, das exklusive und damit inklusive Versöhnungs- und Erlösungsgeschehen zu benennen.

Christi stellvertretende Schuld- und Strafübernahme am Kreuz ereignet sich einerseits ganz unabhängig von uns Menschen, und andererseits geschieht sie ganz für uns Schuldige *extra nos et pro nobis*; indem sie die Christen der Nachfolge in sich hineinnimmt, geschieht sie durch den Glauben auch in uns, *in nobis*[40]. Das meint das inklusive und konforme Verhältnis von Christus und den Christen. Dabei wirkt Jesus Christus die Versöhnung und Erlösung für uns sündige Menschen seiner Gottheit nach als eingeborener Sohn; dieses Heilsgeschehen wird mit sacramentum benannt. Als Ursprung unserer Gleichgestaltung und Nachfolge erweist sich Jesus seiner Menschheit nach, eben als erstgeborener Bruder; dieses Geschehen wird mit dem Ausdruck exemplum signalisiert. Beide, sacramentum und exemplum, aber sind eins in der *Person* Jesu Christi, wahrer Mensch und wahrer Gott, auch bei der

34 W. Jetter, Die Taufe beim jungen Luther. Eine Untersuchung über das Werden der reformatorischen Sakraments- und Taufanschauung (BHTh 18), Tübingen 1954, 142ff

35 E. Iserloh, Sacramentum et exemplum. Ein augustinisches Thema lutherischer Theologie, in: Reformata Reformanda. FS H. Jedin, Hg. E. Iserloh – K. Reppen, Münster 1963, 247ff

36 Anm. 27, 43ff

37 Anm. 35, 253

38 Vgl. u. a. WA 1, 77, 4ff; WA 57, 223, 10ff; WA 1, 309, 1ff. In WA 56, 321, 22ff zitiert M. Luther den Text Augustinus, De Trin. IV 3: „Duplae morti nostro Salvator impendit simplam suam et ad faciendam utranque resuscitationem nostram in saramento et exemplo praeposuit et proposuit unam suam. Indutus enim carne mortali et ea sola moriens, sola resurgens, ea sola nobis ad utrunque concinit, cum in ea fieret interioris hominis sacramentum, exterioris exemplum. Interioris hominis sacramento illa vox data est: Scientes, quoniam vetus noster homo simul crucifixus est cum illo, ut destruatur corpus peccati. Ad exemplum vero pertinet illud (Mt 10): 'Nolite timere eos, qui occidunt corpus'. Ad quod per talem suam mortem maxime hortatus est suos. Resurrectio vero corporis Domini ad sacramentum interioris hominis pertinere ostenditur per illud apostoli (Kol 3,1): 'Si consurrexistis cum Christo, quae sursum sunt quaerite'. Ad exemplum vero illud: 'Capillus capitis vestri non peribit', et quod ostendit corpus suum discipulis post resurrectionem. Si itaque de morte et resurrectione Christi Apostolus hoc loco quoad sacramentum loquitur, non quoad exemplum".

39 WA 39/1, 229, 16f

40 WA 57, 296, 16f

selbstentäußernden Herabneigung ins ohnmächtige Leiden und Sterben am Kreuz. Jesus Christus bleibt damit das alleinige Subjekt unserer personalen Gemeinschaft mit ihm in der Nachfolge: er vor uns, wir in der Nachfolge der Schuldübernahme. Durch die Gleichgestaltung mit Jesus, unserem erstgeborenen Bruder, der zugleich der eingeborene Sohn Gottes ist, werden auch wir zu Söhnen und Erben Gottes (Gal 4, 5f, 26); für Jesus Christus allerdings gilt die Sohnschaft der Natur nach, per naturam, für seine Nachfolger, entsprechend seinem Ruf und seiner Annahme, per adoptionem. Damit ist der Unterschied von Christus und den Christen in diesem personalen Gemeinschafts- und Entsprechungsverhältnis aufgezeigt als Unterschied von Gott und Mensch. Die Ähnlichkeit bei der Gleichgestaltung von Christus und christlicher Gemeinde beruht nun aber nicht etwa in einer Wesenseinheit; das führte zu einer mystischen Vergöttlichung nachahmender Menschen oder zu einer Divinisierung der menschlichen Natur durch die Gnade. Die Konformität ist vielmehr Geschenk Gottes in Jesus Christus durch die Stellvertretung des Heiligen Geistes[41]. Als Geistgemeinschaft formt sich die Gleichgestaltung; ihr entspricht die personale Gemeinschaft mit Jesus Christus allein durch den Glauben auf Seiten der Nachfolger. Sie ist *Geist- und Glaubensgemeinschaft* in Christus. Und weil Glaube und Liebe, wie Rechtfertigung und Heiligung, bei allerdings einer eindeutigen Priorität des Rechtfertigungsgeschehens und entsprechend des Glaubens vor der Liebe für Luther nicht voneinander zu trennen sind[42], stellt sich die Gleichgestaltung der Christen mit Christus als Geist-, Glaubens- und *Liebesgemeinschaft* dar. Das aber gilt auch für Bonhoeffer; er bestimmt, ohne das Begriffspaar sacramentum und exemplum näher heranzuziehen, die einmalige Stellvertretung Jesu Christi, mit der die Glaubenden in der Nachfolge gleichgestaltet werden, als personale Geist-, Glaubens- und Liebesgemeinschaft im stellvertretenden Dasein für den anderen[43].
Die “Gleichgestaltung” ist damit eine *dogmatisch-ethische Denkfigur* zur Bestimmung und Beschreibung des Verhältnisses von Christi Schuldübernahme für die Sünder und der nachfolgenden Schuldübernahme der Gemeinde füreinander und für andere. Durch den Heiligen Geist wird die Schuldübernahme der Glaubenden in der Liebe zum anderen mit der Schuldübernahme im stellvertretenden Strafleiden Jesus Christi gleichgestaltet, ohne dabei den qualitativen Unterschied zwischen Christus und den Christen zu nivellieren.

3. Theologische Entscheidungen

Die Darlegung des Themas “Schuldübertragung oder Schuldübernahme” von D. Bonhoeffer und M. Luther her in Rückkoppelung an die paulinische Theologie enthält theologische Entscheidungen und führt zu solchen. Die Aufgabe systematischer Theologie ist ja die Verantwortung theologischer und kirchlicher Themen im Gegenwartsspektrum durch Wort und Glaube; vor allem die biblische Botschaft, aber auch die “Stimme der theologische Väter” geben die

41 Vgl. dazu: R. Prenter, Spiritus creator. Studien zu Luthers Theologie (FGLP 10,6), München 1954, 27

42 Vgl. u. a. das didaktische Bild in: Deutsche Messe (1526) in: BoA 3, 298, 32ff; ferner WA 24, 606,; WA 32, 510, 17ff, bes. 515, 37ff; WA 37, 669, 17ff; WA 51, 517, 19ff; WA 7, 278, 36ff; WA 18, 112, 9ff; WA 23, 29, 5ff

43 Anm. 7, 121ff, 146ff, 198ff

Entscheidungskriterien in die Hand.
Führen wir uns die dogmatisch-ethischen Entscheidungen für unser Thema "Schuldübertragung oder Schuldübernahme" vor Augen in sieben Thesen:

1. *Schuldübernahme*, so wurde festgestellt, qualifiziert die christliche Stellvertretungstheologie als solche; das gilt für Bonhoeffers Theologie der Nachfolge, für Luthers Kreuzestheologie vom Strafleiden Jesu Christi wie für die Rechtfertigungstheologie des Paulus.

2. Die einmalige Schuldübernahme Jesu Christi, wie Luther sie in der Metapher vom "seligen Tausch" benennt, schließt die Schuldübernahme der christlichen Gemeinde füreinander und für andere ein. Dem *exklusiven und damit auch inklusiven* Versöhnungs- und Erlösungsgeschehen in Christi Kreuz und Auferstehung korrespondiert eine auf die christliche Existenz und das Leben der christlichen Gemeinde bezogene Stellvertretungstheologie.

3. Bei ihrer Stellvertretung im Fürsein füreinander und für andere in der Fürbitte und der Schuldübenahme bei der Absolution und der verantwortlchen Tat stehen die Christen in der *Nachfolge* Christi, d. h. Jesus Christus ist durch seine ein für allemal geltende Schuldübernahme im Strafleiden am Kreuz *das alleinige Subjekt* auch der Schuldübernahme der Gemeinde in der Nachfolge. Denn Christi Versöhnungs- und Erlösungstat extra nos pro nobis wirkt durch die Stellvertretung des Heligen Geistes in den Glaubenden in nobis; "nicht ich, sondern Christus wirkt in mir", betont in diesem Sinn der Apostel Paulus (Gal 2, 20f).

4. Zur weiteren theologischen Klärung des Verhältnisses von Christus und den Christen zieht Bonhoeffer von Luther und Paulus her den Gedanken der *Gleichgestaltung* der Christen mit Christus heran. Er zeigt unter Zuhilfenahme des augustinischen Begriffspaares "sacramentum et exemplum" bei Luther einerseits den qualitativen Unterschied der Christen von Christus, der eingeborener Sohn des Vaters und erstgeborener Bruder der Glaubenden ist und als solcher Subjekt der Gleichgestaltung der christlichen Gemeinde von Brüdern und Erben Gottes per adoptionem. Andererseits umschreibt diese Denkfigur die Entsprechung zwischen Christus und den Christen: Das Heil in der Selbstentäußerung des Sohnes Gottes in Kreuz und Auferstehung wird durch den Heiligen Geist in Wort und Sakrament den Glaubenden zugeeignet, die Früchte der Liebe bringen. Gleichgestaltung mit Jesus Christus beinhaltet die Gemeinschaft *durch den Heiligen Geist als Glaubens- und Liebesgemeinschaft* in der gegenseitigen Schuldübernahme.

5. Gleichgestaltung mit Christus verbindet und unterscheidet die Schuldübernahme Christi und der Gemeinde; als Bestimmung der Ähnlichkeit und Unterschiedenheit stellt sie eine *dogmatisch-ethische Denkfigur* der theologia ethica crucis dar.
Die Stellvertretungstheologie der Nachfolge trennt sich darum zum einen von aller

Nachahmungsfrömmigkeit, die auf dem Boden einer mystischen Wesensgemeinschaft von Christus und den Christen die eigenmächtige Willenstat der Mimesis Christi für die Menschen anerkennt, und die damit in den Synergismus abgleitet.
Zum andern lehnt diese inklusive Stellvertretungstheologie von der Schuldübernahme Jesu Christi extra nos pro nobis und in nobis die Aufspaltung und Sezierung der Versöhnngs- und Erlösungstat Jesu Christi ab, wie leider Th. Beer in "Der fröhliche Wechsel und Streit" Luthers Übernahme des Begriffspaars "sacramentum et exemplum" mißinterpretiert[44]. In der Person Jesu Christi, wahrer Gott und wahrer Mensch, ist das Versöhnungs- und Erlösungsgeschehen als sacramentum und exemplum eins, wie auch Rechtfertigung und Heiligung bei aller theologischen und zeitlichen Vorordnung der Rechtfertigung untrennbar zusammengehören. Andernfalls würde die Gefahr des Synergismus aufbrechen, wie auch die Theologiegeschichte beim späten Ph. Melanchthon, bei der altprotestantischen Orthodoxie oder bei G. Auléns "ethizistisch"-humanistem Versöhnungstyp lehrt.

6. In einer Kreuzestheologie der exklusiven und damit auch inklusiven Stellvertretung, wie wir sie von Bonhoeffer, Luther und Paulus her bedacht haben, findet die *Schulübertragung* theologisch *keinen* Raum, wie R. Girard sie in der Theorie vom Sündenbockmechanismus als in soziologischen Kategorien denkender Litaraturwissenschaftler und Ethnologe entfaltet.

7. Die damit ausgesprochene *Alternative* liegt in folgenden theologischen Entscheidungen begründet:
a. Bei der *Theorie der Schuldübertragung* ist der Mensch das Subjekt, und so wird er zum Objekt und Subjekt seiner Erlösung; bei der *Theologie der Schuldübernahme* dagegen ist Jesus Christus allein das Subjekt des Versöhnungs- und Erlösungsgeschehens am Kreuz und inklusiv bei der Gleichgestaltung der Gemeinde in der Nachfolge der Schuldübernahme.
b. Nach der *Theorie der Schuldübertragung* läuft die Erlösung nach einem kulturellen "Mechanismus" ab; dagegen geschieht in der *Theologie der Schuldübernahme* das Geheimnis der Erlösung in Jesus Christus aus dem "trinitarisch-ökonomischen Einverständnis zwischen Vater und Sohn" in und mit dem Heiligen Geist. Hans Urs von Balthasar hat in einer Besprechung von R. Gorards Büchern mit Recht darauf verwiesen (IkaZ 9 (1980), 184f).
c. In der *Theorie der Schuldübertagung* wird Schuld als gesellschaftliche Bedingtheit erklärt, die als besondere Entität übertragbar ist; dagegen ist der *Christ und Theologe* sich bei der Schuldübernahme der eigenen Schuld als eigener Entscheidung gegen Gott und als Verkehrung des Verhältnisses zu Gott bewußt, zu dem Gott, der in seiner Gerechtigkeit der Liebende bleibt, der als Schöpfer die pervertierte Welt dennoch erhält und ihrer Vollendung entgegenführt; erst von daher weiß der Christ um die Schuld der anderen und um das gemeinsame Geschenk der Vergebung in Jesus Christus.

---

44 Anm. 27, 59ff, 520ff, 530

d. Die *Theorie der Schuldübertragung* beinhaltet die eigene Befriedigung zu Lasten anderer; im egoistischen Begehren verbleibt der Mensch bei sich allein; und der Blick auf die Opfer ist verstellt. Die *Theologie der Schuldübernahme* dagegen ist vom Dasein-für-andere geleitet, wie es in Jesus Christus, dem eingeborenen Sohn des Vaters und dem erstgeborenen Bruder der Glaubenden, offenbar ist und sich im Tragen der Lasten mit und für die anderen konkretisiert. Wie somit Christus durch die Schuldübernahme im Strafleiden am Kreuz der Friede für die Welt geworden ist, so wird die christliche Gemeinde exemplarisch der Friedensbringer für alle Menschen durch Bekenntnis und Übernahme der Schuld in der Nachfolge Christi (Eph 2, 11ff).
e. Die soziologische *Theorie der Schuldübertragung* nach dem Sündenbockmechanismus hat in diesem Sinn nichts gemein mit der *Theologie der Schuldübernahme* als christlichem Friedensprinzip.

Ich komme zum Schluß in dem Bewußtsein, dass der zuletzt genannte Aspekt weiter zu entfalten wäre, was aber ein besonderes Thema darstellt; hier ging es um die fundamentale Frage nach der stellvertretenden Schuldübernahme als dogmatisch-ethisches Thema.

Als im Jahre 1945 einige Christen und Kirchenfüher stellvertretend im Beisein der Ökumene vor Gott das “Stuttgarter Schuldbekenntnis”ablegten in der Nachfolge von Bonhoeffers Schuldbekenntnis der Kirche in der “Ethik”, da wußten diese Männer, dass nach der Zeit der Schuldübertragung und der Gewalt unsere Kirche und Gesellschaft aufgrund von Jesu Christi Versöhnungs- und Erlösungstat am Kreuz *nur in Schuldübernahme und Schuldbekenntnis erneuert werden kann zum Frieden mit Gott und untereinander.* Diese Schuldübernahme und dieses Schuldbekenntnis in der Gleichgestaltung mit Christus wirkt der *Heilige Geist*; er schenkt den Glauben durch das Wort der Predigt; er erneuert die Gemeinde und Kirche; er schafft den Frieden untereinander. So endet das “Stuttgarter Schuldbekenntnis” mit der je neu zu betenden Bitte: “Komm, Schöpfer Geist. Veni, creator spiritus”[45].

45 KJ 72-75 (1945-1948), 27

"Wie aus 'Schicksal' wirklich 'Führung' wird". Zufall und Vorsehung

1. Wahl und Zufall. Handeln und Widerfahrnis. Determinismus und Offenheit oder Freiheit. In seiner Lebensgeschichte oder - um die Metapher des Weges aufzunehmen - auf seinem Lebensweg macht ein jeder diese zwei fundamentalen Erfahrungen: Erlebnisse, die er oder sie im Prozess des Nachdenkens sich zu eigen macht und ins Gespräch mit anderen einzubringen vermag als der, der ich bin oder sein möchte. Denn die Frage "Wer bin ich?" bewegt sich in der Spannung zwischen Eigenbild und Fremdbild: zwischen dem, was ich von mir denke, was ich tue, was ich wünsche, und dem, was andere von mir denken, wie sie mir begegnen, was sie von mir erwarten. Nicht selten weist die Spannung Diskrepanzen auf, wie D. Bonhoeffer[1] in seinem Gedicht "Wer bin ich?" erzählt. Wir erfahren uns als Handelnde, als handelndes Ich, das mit den Dingen umgeht, das Aufgaben bewältigt, das bearbeitet und verarbeitet selbst Mißerfolge und Trauer, das Wirklichkeit produziert, das egoistisch über andere verfügt und sie benutzen kann - das scheinbar autonome Ich der idealistischen Philosophie, das nach Descartes in der technologischen Gesellschaft als Macher das Feld zu beherrschen scheint und oft beherrscht wird. "Schicksal ist unbewusstes Machsal"[1].

Doch dann - ja, doch dann - erfährt ein jeder, wie sehr sein Ich vom Du des Anderen, überhaupt vom Anderen mit geprägt und bestimmt ist: vom Anderen erlebe ich Anerkennung, in den multiplen Beziehungen und Vernetzungen, mit den Anderen werden mir Möglichkeiten eröffnet, vom Anderen her wird mir meine Identität zugesprochen, dasWiderfahrnis vom Anderen her konstituiert mein Ich. Und so, so werde ich frei für die Anderen und den Anderen. Gedanken der personalistischen Philosophie etwa M. Bubers[2] und E. Levinas[3] fließen hier ein.

Diese Grunderfahrung hängt mit der anderen zusammen: die Spannung von aktivem Handeln und zufälligem Widerfahrnis. Wir arbeitem, wir entscheiden, wir wählen, wir planen, kalkulieren, prognostizieren, wir gestalten frei die Zukunft unseres Lebensweges, die Lebensgeschichte unserer Umgebung und unserer Erde, dieses kleinen blauen Planeten im Universum. Doch dann - ja, doch dann - kommt es auf einmal ganz anders: die "Grenzen des Wachstums" stellen sich in den Weg, Mauern öffnen sich, eine unerwartete Einsicht erfasst uns; da ist die glückliche Begegnung mit der liebenden Zuwendung eines Menschen, das Staunen über die Bewahrung durch "Engel auf Erden", aber auch die plötzliche Krankheit, die alles verändert und

1 O. Marquardt, Ende des Schicksals?, in: ders., Abschied vom Prinzipiellen, Stuttgart 1981, 70
2 M. Buber, Ich und Du, in: ders., Das dialogische Prinzip, Heidelberg 1973
3 E. Levinas, Die Spur des Anderen, Frankfurt 1983

fragen lässt "Warum? Warum gerade ich?", der Verlust eines geliebten Menschen durch plötzliches Herzversagen und schließlich das Erleben von Vergeben, Verzeihen und einer versöhnten Gemeinschaft. Es handelt sich um die Erfahrung des Nicht-Berechenbaren, Nicht-Selbstverständlichen, das unsere Lebenswege durchkreuzt, eben des Schicksalhaften, das geschickt wird in den Üblichkeiten und Alltäglichkeiten, des Zufälligen, das zufällt in den scheinbaren Notwendigkeiten, des Kontingenten im scheinbar Kontinuierlichen[4]. Der Philosoph Odo Marquardt denkt eine "Apolgie des Zufälligen"[5]: "Wir sind - aus Schicksalszufall - durch Geburt zum Tode verurteilt, d. h. zu einer Lebenskürze, die uns nicht Zeit lässt, uns dem, was wir zufällig schon sind, in beliebigem Umfang davon zumachem; unsere Sterblichkeit zwingt uns, jener Schicksalszufall, der für uns unsere Vergangenheit ist, zu 'sein', d. h. überwiegend zu bleiben" (129). "Wir Menschen sind stets mehr unsere Zufälle als unsere Wahl. Ich sage, wohlgemerkt, nicht: wir Menschen sind unsere Zufälle; ich sage nur: wir Menschen sind nicht nur unsere Wahl; und ich sage außerdem nur noch: wir Menschen sind stets mehr unsere Zufälle als unsere absolute Wahl und haben das zu akzeptieren; denn wir sind nicht absolut, sondern endlich. Eine Philosophie, die - skeptisch - diese Untilgbarkeit des Zufälligen geltend macht, ist insofern die Apologie des Zufälligen" (131f). "Der Umstand, dass das Zufällige, das den Menschen zustößt, nicht ein einziger - unteilbarer - Zufall ist, sondern aus Zufällen im Plural besteht: dieser - selber schicksalszufällige - Umstand macht es, dass - in der Form von Freiheiten im Plural - den Menschen ihr Zufall Freiheit zufällt" (134). In dieser Form von Freiheit, die wohl mehr Auswahl ist, begegnet der Zufall wie - in der Sprache der Dramaturgie geredet - in der Peripetie tragischer Lebensereignisse und - in der Denkform der Prozessphilosophie geredet - in der Emergenzerfahrung, für die die Religion - aber eben auch der christliche Glaube als "Kontingenzbewältigung" Sinn- und Deutemuster verleiht.
Der Mensch ist nicht nur "seines Glückes Schmied ", wenn er seinen Mann oder seine Frau steht; es regiert auch der Zufall. Der alttestamentliche Spruch der frühen Weisheit, die menschliche Erfahrungen in Worten zusammenfasst, sagt: "Das menschliche Herz erdenkt sich einen Weg, aber Gott lenkt seine Schritte" (Spr 16, 9); Gott ist nicht nur das Pseudonym für Zufall; hier unterschreibt Gott persönlich als der, der vorsehend im Regiment ist. Und Zukunft lässt sich weder durch prognostizierende Machsal, noch durch astrologischen Wahn oder spekulative Letztbegründungen entziffern.

Um mit dieser intentionalen Ausrichtung nicht einer anthropologische Verengung zu erliegen, soll zunächst noch einmal gegengelenkt werden durch die Wahrnehmung der Wirrsale in der Geschichte und der Chaosphänomene im Naturgeschehen.
Ist nicht angesichts der destruktiven Machenschaften des Menschen in diesem ausgehenden Jahrtausend - Weltkrige, Auschwitz, Tschernobyl, ökologisches Desaster

4 W. Pannenberg, Kontingenz und Naturgesetz, in: A.M.Kl. Mller/W. Pannenberg, Erwägungen zu einer Theologie der Natur, Gütersloh 1970, 34ff; ders., Systematische Theologie Bd 2, Göttingen 1991, 84ff

5 O. Marqurdt, Apologie des Zufälligen, Stuttgart 1986

bis zur Möglichkeit menschlicher Selbstzerstörung - nur die Rede vom “Ende der Vorsehung”[6] intellektuell redlich.? Läßt sich angesichts der Komplexität sich überschneidender Teilsysteme im gesellschaftlichen Leben nicht nur von einer neuen “Unübersichtlichkeit”[7], sondern mit Fr. Dürrenmatt[8] sogar von einem “Durcheinandertal” sprechen?

In der Gesellschaftsgeschichte scheint sich widerzuspiegeln, was in den Chaostheorien erforscht wird für das Naturgeschehen, aber auch für viele andere Lebensfelder. Doch zunächst erinnern wir uns an einige Grundaussagen der gegenwärtigen Kosmologie: Bei einem Alter unseres Alls von 15 Mrd. Jahren und einem Durchmesser von 10 Mrd. Lichtjahren - bei 5 Mrd. Toleranzspielraum - wird im Wissenschaftsjournalismus, durch den Raum-Zeit-Trichter und “schwarze Löcher” sich Namen gemacht haben, von einer Expansion des Alls bis zum Zustand des Verglühens in 120 Mrd. Jahren oder von einem Schrumpfen mit einem neuen Urknall geredet. Wissenschaftlich gesprochen: Nach dem Zweiten Hauptsatz der Thermodynamik nimmt irreversibel die Entropie mit dem Verbrauch der Energie zu, so dass das Universum im Erkaltungsprozess den Wärmetod stirbt. Die annihilatio mundi-Theorie J. Gerhards findet da ihr kosmologisches Wiedererinnern. Verbunden wird mit diesem thermodynamischen Paradigma dasParadigma, das die Möglichkeit der Selbstorganisation kennt, bei dem “Systeme unvermittelt und spontan einen Sprung zu verwickelteren Formen machen. Kennzeichnend für diese Formen sind größere Komplexität, kooperatives Verhalten und globale Kohärenz, das Auftreten räumlicher Strukturen und zeitlicher Rhythmen und eine generelle Unvorhersagbarkeit ihrer endgültigen Gestalt”[9]. “Die Schöpfung ist nicht Sache eines Augenblicks, sondern ein fortdauernder Prozess. Das Universum hat eine Lebensgeschichte. Statt in Gestaltlosigkeit abzusinken, steigt es aus Gestaltlosigkeit auf, es ist nicht zum Absterben, sondern es wächst, es entwickelt ständig neue Strukturen, Prozesse und Möglichkeiten, es entfaltet sich wie eine Blume”[10]. Ein offenes System. P. Davies spricht von einer “Prädisposition”[11], die aber nicht unbedingt ein “anthropisches Prinzip” miteinschließt. Durch die Erforschung der Komplexität und Organisationsprinzipien in der Natur gelingt es “all die Prozesse zu erklären, durch die das Universum seine eigene Bestimmung verwirklicht; das schließt aber dennoch nicht aus, dass die Existenz einen Sinn hat”[12] .

Das bekennt P. Davies, der aufgrund seiner Chaosforschung am “Prinzip Chaos” festhält; andere Chaosforscher gelangen zu entsprechenden Feststellungen. Chaos scheint überall zu sein. So wirbelt säulenförmig aufsteigender Zigarettenrauch plötzlich wild durcheinander. Chaos taucht im Wetterverhalten auf, im Straßenverkehr, bei Unregelmäßigkeiten der Herzfrequenzen, in den Galaxienhaufen des Universums und im thermonuklearen System der Sonne. Es handelt sich - mit

6 C. Amery, Ende der Vorsehung, Reinbeck 1984
7 J. Habermas, Die neue Unübersichtlichkeit. Kleine Schriften V, Frankfurt 1985
8 Fr. Dürrenmatt, Durcheinandertal, Zürich 1989
9 P. Davies, Prinzip Chaos, München 1988 [3], 281
10 Ebd., 284
11 Ebd., 285
12 Ebd., 290

Chr. Morfill/H. Scheingraber gesprochen[13] - um ein "deterministisches Chaos", in dem die chaotische Dynamik sich selbst organisierender offener Systeme fraktale Strukturen hervorbringt, wodurch die Entwicklung unserer Welt geprägt ist. Der Zufall bestimmt nach dem kausalmechanistischen System Newtons und Laplaces sowohl im mikrophysikalischen Bereich der Quanten- und Relativitätstheorie das naturgeschichtliche Geschehen, wie das "aleotische" Modell der Wahrscheinlichkeit das Börsengeschehen und die Wirtschaftsplanung, das Roulettspiel und überhaupt nichtlineare Systeme charakterisiert. Die Zukunft ist nicht determiniert; Gott würfelt wohl doch.
J. Monod [14] konstatiert so den "Zufall" als "Prinzip" des evolutiven Entstehens des Lebens. Und der Schriftsteller V. Erbes erzählt im Roman "Die Spur des Schwimmers"[15] von dem Chaosforscher Felix Lothringer, dessen privates, berufliches und gesellschaftliches Leben im "Dialog mit der Natur"[16] das Chaos widerspiegelt und der sich selbst dem Hedonismus verschreibt: Chaos wird zum Prinzip, Stillosigkeit zum Stil, Zufall zur Notwendigkeit.

In diesem scheinbaren Unisono von alltäglichen Erfahrungen, philosophischer Betrachtung, naturwissenschaftlicher und gesellschaftlicher Erkenntnis, aber auch kunstästheticher Darbietung ertönt auch die Stimme der Theologie.
Nun wäre es gewiß verfehlt, Gottes Handeln - im Gegensatz zu den Physikotheologen, die in den gleichförmig geordneten Naturgesetzen Gottes Wirken wahrnehmen - nun in den Zufallslücken sich selbst organisierender offener Systeme als deus ex machina festzumachen. Eine Partialisierung mit der oft folgenden Ideologisierung träte bei solch einem apologetischen Unternehmen ein. Die Folge wäre wie bei den Ordnungstheologen eine Funktionalisierung Gottes: eines Gottes statischen Seins oder eines Willkürgottes.
In der Gegenwart hat W. Pannenberg im Gespräch mit Naturwissenschaftlern - etwa E. Schrödinger, A. M. Kl. Müller u. a. - in seine vom Hegelschen Denken geprägten Geschichtstheologie der Schöpfungs- und Ereigniskontingenz des Kosmos in einer zukunftsoffenen Welt konstitutive Bedeutung beigemessen. Er ordnet dabei integrativ die "naturwissenschaftlichen Gesetzesaussagen prinzipiell in den Kohärenzrahmen" der theologischen Beschreibung der Welt als Schöpfung Gottes ein[17].
J. Moltmann integriert die naturwissenschaftlichen Ereignisse von sich selbst organisierenden offenen und partizipatorischen Systemen in das eschatologische Wirken des dreieienen Gottes durch die Einwohnung des kosmischen Geistes in die Schöpfung, wobei dieser kontingent und zielgerichtet neue Möglichkeitsspielräume eröffnet[18]. E. Blochs Philosophie der Hoffnung steht dabei Pate.
Chr. Link[19] - weniger die Integration als Komplementarität naturwissenschaftlichen

13 Gr. Morfill/H. Scheingraber, Chaos ist überall ... und es funktioniert, Frankfurt-Berlin 1991, 7, 17
14 J. Monod, Zufall und Notwendigkeit, München 1971
15 V. Erbes, Die Spur des Schwimmers, Frankfurt 1991
16 I. Prigogine/I. Stengers, Dialog mit der Natur, München 1981²
17 W. Pannenberg, Systematische Theologie Bd 2, Göttingen 1991, 90
18 J. Moltmann, Schöpfung, Gütersloh 1991, 494ff
19 Chr. Link, Schöpfung, Gütersloh 1991, 494ff

und theologischen Denkens vertretend - erkennt die Kompatibilität des "Pfeils der Zeit" in den sich selbst organisierende offenen Systemen zur christlichen Natur- und Zeittheologie, die den eschatologischen adventus Gottes in der Auferstehung Jesu Christi vorausereignet bekennen.

Nur auf diese schöpfungs- und naturtheologischen Entwürfe sei verwiesen. Sie binden den "gerichteten Zufall", das "deterministische Chaos", eben das naturwissenschaftliche "Muster", das in den sich selbst organisierenden komplexen offenen Systemen der Natur die Komponente des Zufälligen und des Gesetzmäßigen verbindet[20], in die christliche Schöpfungs- und Vorsehungslehre ein. Die Selbstständigkeit der Schöpfung verknüpfen sie mit dem Wirken des dreieinen Gottes, indem sie das Schöpfungsgeschehen aufgrund der Antizipation der neuen Schöpfung in Jesus Christus auf das eschatologische Zukommen Gottes ausgerichtet sein lassen.

Der Vorwurf der Schöpfungs- und Eschatologievergessenheit bestätigt sich hier nicht; anders mag es mit dem Verständnis von Sünde und Gericht Gottes sein. Das gilt gerade für den zeitgenössischen äquivoken Gebrauch des Wortes "Chaos": Chaos als das ungeformte Tohuwabohu von Gen 1, 2 und das Chaos als widergöttliche Macht der Sünde und des Todes im naturhaften, gesellschaftlichen und persönlichen Lebensfeld.

Hier tut theologisches Unterscheiden not, wie auch die Distinktion zwischen Schöpfer und Geschöpf in den Chaostheorien, die Chaos und Zufall als letzte "Prinzipien" vertreten, notwendig ist: Chaos und Zufall wird da zu den neutestamentlichen Stoicheia-Elementen (Gal 4, 3, 9; Kol 2, 8, 20), die im Gericht Gottes nicht bestehen werden (2. Petr 3, 10).

"Zufall" und Gottes "Führung" oder "Vorsehung" - Bonhoeffer soll uns bei weiteren Klärungen ihres Verhältnisses und ihrer Zuordnung helfen.

II. "Schicksal" und "Führung": Ich-Es- und Ich-Du-Beziehung

Der Titel dieses Vortrages ist ein Zitat aus D. Bonhoeffers Gefängnisbrief vom 21. 2. 1944. Er schreibt ihn aus der Zukunfts-Unsicherheit des laufenden Gerichtsverfahrens vor der Zäsur, die durch den 20. 7. 1944 auch für seinen Lebensweg eintrat. "Ich glaube, wir müssen das Große und Eigene wirklich unternehmen und doch zugleich das Selbstverständlich- und Allgemein-Notwendige tun, wir müssen dem "Schicksal" - ich finde das "Neutrum" dieses Begriffs wichtig - ebenso entschlossen entgegentreten wie uns ihm zu gegebener Zeit unterwerfen. Von "Führung" kann man erst jenseits dieses zwiefachen Vorgangs sprechen. Gott begegnet uns nicht nur als Du, sondern auch "vermummt" im "Es", und in meiner Frage geht es also im Grunde darum, wie wir in diesem "Es" ("Schicksal") das Du finden, oder mit anderen Worten, wie aus dem "Schicksal" wirklich "Führung" wird"[21].

20 M. Eigen, Selforganization of Matter and the Evolution of Biological Macromolecules, in: Naturwissenschaften 58, 1971, 465-523

21 D. Bonhoeffer, Widerstand und Ergebung, hrsg. E. Bethge, München 1990 [14]

D. Bonhoeffer weiß sich als verantwortlich Handelnder in Widerstand und Ergebung dem "Schicksal" zu- und eingeordnet; es ist ein "Es", in dem "vermummt" nur der verborgene Gott erfahren wird. Und ihm geht es darum, wie wir in diesem "Es" ("Schicksal") das "Du" finden, oder mit anderen Worten, wie aus dem "Schicksal" wirklich Gottes "Führung" wird, wie, das Pseudonym "Schicksal" durchbrechend, wir dem persönlichen Gott begegnen, der sich in Jesus Christus offenbart hat, der im Kreuz Christi, dem Spiegel des väterlichen Herzens Gottes, erschienen ist und von daher sich als der gütig Erhaltende und führend Begleitende erkennbar macht. Es handelt sich um die Frage nach "Gesetz und Evangelium": erst vom Evangelium wird in Entsprechung und Widerspruch zu Gottes Schöpfungshandeln das Leben unter dem Gesetz und unter dem Evangelium, unter dem "Schicksal" und in der "Führung" Gottes, deutlich im Verweis auf die Vollendung des ganzen Schöpfungsgeschehens im neuen Himmel und der neuen Erde (Offb 21, 1-7; Röm 8, 18-25) durch Gericht und Gnade.

Im Hören auf das biblische Wort nach dem Losungsbuch hatte D. Bonhoeffer aus dem sicheren Ort des Union Theological Seminary in New York in seinem Gewissen entschieden, auf einem der letzten Schiffe in die Heimat zurückzukehren, um teilzunehmen am Geschick Deutschlands. In der Mannigfaltigkeit der Wege Gottes[22] erkannte er seinen eigenen Weg im Widerstand gegen den "Führer" Adolf Hitler. Bei seiner Betonung der verantwortlichen Tat des Christen wußte er doch um das Fragmentarische menschlichen Lebens und Denkens, das als Teil auf das Ganze intentional ausgerichtet ist, das Gott gegen alles Widerständische der Sünde und des Todes allein im "Letzten" zu vollenden vermag. Das verantwortliche Tun des "mündigen" Christen im "Vorletzten" und die Rechtfertigung im letzten Gericht durch Gottes Gnade korrespondieren und werden durch die "Führung" Gottes zusammengehalten im Lebensweg des einzelnen Menschen und in der Lebensgeschichte des Weltgeschehens durch finstere Täler, chaotische Turbulenzen, dramatische Peripetien und spontane Emergenzerfahrungen, wie Bonhoeffer in den Briefen etwa vom 22.12.1943, 23.1.1944, 21.5.1944, 10.8.1944 durch Anfechtungen dringend und hindurchgetragen bekennt, verdichtet im Neujahrslied 1944 "Von guten Mächten wunderbar geborgen, erwarten wir getrost, was kommen mag ..." und in "Einige Glubenssätze über das Walten Gottes in der Geschichte": "Ich glaube, dass Gott aus allem, auch aus dem Bösesten, Gutes entstehen lassen kann und will. Dafür braucht er Menschen, die sich alle Dinge zum Besten dienen lassen. Ich glaube, dass Gott uns in jeder Notlage soviel Widerstandskraft geben will, wie wir brauchen. Aber er gibt sie nicht im voraus, damit wir uns nicht auf uns selbst, sondern allein auf ihn verlassen. In solchem Glauben müßte alle Angst vor der Zukunft überwunden sein. Ich glaube, dass auch unsere Fehler und Irrtümer nicht vergeblich sind, und dass es Gott nicht schwerer ist, mit ihnen fertig zu werden, als mit unseren vermeidlichen Guttaten. Ich glaube, dass Gott kein zeitloses Fatum ist, sondern dass er auf aufrichtige Gebete und verantwortliche Taten wartet und antwortet"[23]. Der erste

22 M. Plathow, Die Mannigfaltigkeit der Wege Gottes, Vgl. in diesem Band S. 3ff
23 Anm. 21

dieser vier Bekenntnissätze weist in Anklängen an den Schlüsselsatz der weisheitlichen Josephsnovelle in Gen 50, 19f: ”Fürchtet euch nicht. Bin ich denn an Gottes Statt? Ihr zwar gedachtet mir Böses zu tun, aber Gott hat es zum Guten gewendet, dass er täte, was jetzt am Tage ist: ein großes Volk am Leben zu erhalten” darauf hin, dass Gott in den “vorletzten” Dingen gerade auch gegen die bösen Pläne der Menschen Gutes wirkt; alles menschliche Tun steht unter Gottes Gericht und Geduld. Doch ist das erst vom “Letzten”, wie der paulinische Prädestinationstext Röm 8, 28f andeutet, im Glauben erkennbar: denen, die in Christi Kreuz und Auferstehung aus Gnade gerechtfertigt sind, d. h. denen, die von ihrer Sünde und Schuld befreit in Gottes Liebe hineingenommen sind, dienen alle Dinge zum Besten nach Gottes Vorherbestimmung. Christi Leiden und Sterben am Kreuz für die Sünden der Menschen und seine Auferstehung bedeutet die Erlösung vom Zorn des Vaters und das Geschenk der Gnade zum Guten. Hier liegt der Real- und Erkenntnisgrund für die göttliche Providenz, das “Letzte” im Blick auf das “Vorletzte”: Gott erhält in seiner Geduld und Treue seine Geschöpfe - gerade auch in ihrem Eigenwirken - trotz der Sünde und Schuld. Die Christen sind durch die Taufe schon in Gottes Heils- und Erlösungstat hineingenommen inmitten der “sanctorum communio”, die noch auf die endgültige Vollendung wartet.
Seit seiner frühen Predigt[24] in der Londoner Auslandsgemeinde mit deutschen Emigranten über Spr 16, 9: “Des Menschen Herz erdenkt sich einen Weg; aber Gott allein gibt, dass es sicher fortgehe”, in der Bonhoeffer die Kontrapunktik der Wege Gottes zu eigenen und eigenwilligen Wegen der Menschen verkündigt, ja, die Durchkreuzung der Wege der Menschen durch Gottes intervenierendes Handeln in seinen eigenen Wegen als Hinweis auf das Kreuz Christi, bis zu den späten Briefen, die Gottes Selbstzurücknahme und Hingabe für den anderen im gekreuzigten Christus bezeugen (WuE: 16. 7. 1944) zieht sich die Rede vom Kreuz Christi, dem Ort der Selbsterschließung des anwesenden und mitleidenden Gottes in der Versöhnungs- und Heilstat Christi für die Sünden der Menschen als Erkenntnisgrund der vorgehenden Begleitung und Führung Gottes im Menschen- und Weltgeschick. So ist D. Bonhoeffer gewiß vom Glauben an die Auferstehung Jesu Christi, dem Anbruch der neuen Schöpfung, her im Blick auf die zukünftige Vollendung des Reiches Gottes.
Dieses leidenschaftliche Teilhaben und Anteilnehmen an dem, der nichts gilt in der Welt, und an der ganzen Schöpfung um der Erlösung willen, d. h. um Vergebung, neues Leben, den Anbruch des Reiches Gottes, das sich durch Gottes Zu-Kommen vollenden wird, zu schenken, wird in der Selbstvorstellung Gottes bei der Berufung des Mose kund: “Ich werde dasein - ganz konkret - als der ich dasein werde” (Ex 3, 15f) im Ereignis der Befreiung durch den Exodus aus Ägypten, in der Erlösung des exiliertenVolkes Israel wie in der ganzen Schöpfung nach der Heils- und Heilungsgeschichte Deuterojesajas (Jes 43, 1-7; 44, 1-8; 45, 18-25), in der Reich Gottes-Verkündigung Jesu, in seinen Heilungen wie in seiner Solidarität mit den Marginalisierten (Mt 11, 2-6; Jes 35, 2-6; 65, 17-25), vor allem in der Auferstehung Jesu Christi und im neuschaffenden Geist, der als Angeld der Hoffnung die

24 D. Bonhoeffer, Gesammelte Schriften IV, hrsg. E. Bethge, München 1961, 174ff, 623ff

Vollendung des “Atems des Lebens” im Reich Gottes zeichenhaft vorausnimmt: den neuen Himmel und die neue Erd (Offb 21, 1-7) als Zu-Kommen des dreieinen Gottes, dessen universale Nähe im Psalm 139 gepriesen wird, der als der in Freiheit treue und liebende Vater, als der Schöpfungsmittler und als Neuschöpfer angebetet und verherrlicht wird.
D. Bonhoeffer hat in seinen Predigten, Briefen, pastoralen und wissenschaftlichen Abhandlungen die Begleitung und Führung Gottes im Leben des einzelnen Menschen und der Kirche, in der Weltgeschichte wie im Naturgeschehen bezeugt. Er bekennt in seiner Zeit, in der ideologisch verbrämt von Adolf Hitler als “Führer”, vom “Führerprinzip” und von der ”Stunde”, in der dieser Willkürmensch im Allmachtswahn die Macht ergriff, als von der “Vorsehung” bestimmt und legitimiert gesprochen wurde, als das “Schicksal” im ehernen Gesetz von Schuld und Vergeltung nach dem Niebelungenlied sich im Opfer aus Niebelungentreue neu manifestierte, ideologiekritisch den Glauben an Gottes Führung, wie sie sich im Kreuz Christi als Durchkreuzung der eigenmächtigen Wege der Menschen offenbart. D. Bonhoeffer spricht es in Gebeten, Liedern und Bekenntnissen aus.

D. Bonhoeffer weiß um die Spannung zwischen Eigenbild und Fremdbild und - wie er im Gedicht “Wer bin ich?” sagt - umfangen von der Zuwendung Gottes mit der Identitätszuweisung “Dein bin ich, o Gott”. Eigenbild und Fremdbild stehen aber nicht nur in Spannung, sie korrespondieren auch, wie E. Bethge in seiner Bonhoeffer-Biographie nachweist: Frömmigkeit und verantwortliches Handeln, Lehren und Leben sind - im Wissen um das eigene Sündersein mit seinen Zwiespältigkeiten und um die Gewissheit der rechtfertigenden Gnade in Christi stellvetretendem Sühneopfer am Kreuz und des neuen Lebens in der Auferstehung Jesu Christi von den Toten - im Leben vom “Letzten” her im “Vorletzten” miteinander verbunden. In diesem Sinn gehört Bonhoeffer zu den exemplarischen Christen, den modernen Heiligen.
Noch manche anderen sind zu nennen, für die lebensgeschichtliche Erzählungen in Eigen- und Fremdberichten über Gottes Führung vorliegen; z. T. korrespondieren sie; z. T. stehen sie in Spannung. Zu nennen sind etwa: D. Hammarskjöld “Zeichen am Weg”[25] mit L. Stephan “Der einsame Weg des Dag Hammarskjöld”[26], an J. Klepper “Unter dem Schatten deiner Flügel”[27] mit R. Thalmann, “Jochen Klepper”[28], an C. S. Lewis, “Briefe an einen Freund. Hauptsächlich über das Beten”[29] mit G. Kranz, C. S. Lewis. Studien zu Leben und Werk”[30], an die Briefsammlung “Helmuth James von Moltke 1904 – 1947”[31] mit K. Finker, “Graf Moltke und der Kreisauer Kreis”[32]. Aber auch an die Eigenberichte ist zu erinnern: Augustin “Confessiones”, J. H. Newman

25 D. Hammarskjöld, Zeichen am Weg, München 1965
26 L. Stephan, Der einsame Weg des Dag Hammarskjöld, München 1983
27 J. Klepper, Unter dem Schatten deiner Flügel, Stuttgart 1956
28 R. Thalmann, Jochen Klepper, München 1977
29 C. S. Lewis, Briefe an einen Freund. Hauptsächlich über das Beten, München 1966
30 G. Kranz, C. S. Lewis. Studien zu Leben und Werk, Bonn 1974
31 Fr. v. Moltke, M. Balfour, J. Frisby (Hg.), Helmut James v. Moltke 1904 – 1947. Anwalt der Zukunft, Stuttgart 1947
32 K. Finker, Graf Moltke und der Kreisauer Kreis, Berlin 1980 (2)

“Apologia pro vita sua”, C. S. Lewis “Surprised by Joy”[33] oder an P. Moen, Der einsame Mensch”[34]. Es handelt sich um - in der Sprache der klassischen Dogmatik gesprochen - Selbstzeugnisse der speziellen Vorsehung Gottes als Bewahren, Begleiten und Führung. Sie hat ihren Erkenntnisgrund in Gottes Offenbarung in Christi Kreuz und Auferstehung. In Jesu Predigt vom angebrochenen und sich vollendenden Reich Gottes hat sie ihre intentionale Ausrichtung. Verbunden ist sie mit der schöpfungs- und menschheitsgeschichtlichen allgemeinen Vorsehung Gottes durch den heiligen Geist, dem Atem des Lebens (Gen 2, 7; Ps 31, 6; Spr 1, 23; Hes 39, 29), die in Ps 139, Ps 104, Hi 38 gepriesen, in Apg 17 und in Röm 8, 19-22 von Paulus verkündigt und in Röm 11, 36 als Gottes universales Handeln doxologisch zusammengefasst wird. Die Gemeinde bekennt es trotz gegenteiliger Erfahrungen im alltäglichen Leben, in der Geschichte mit ihren Zufälligkeiten und im kosmischen Geschehen offener Prozesse sich selbstorganisierender chaotischer Systeme.

III. Wie aus “Schicksal” “Führung” wird

Wie aber läßt sich der “chaotische Determinismus” oder der “gerichtete Zufall” der Chaosforschung mit der göttlichen Vorsehung und Führung verbinden? Und wie läßt sich das freie verantwortliche Handeln der Glaubenden mit Gottes vorherbestimmender Gnade denkerisch verknüpfen?

Hören wir noch einmal auf D. Bonhoeffers Brief vom 21. 2. 1944, aus dem der Titel unserer Überlegungen genommen ist. D. Bonhoeffer unterscheidet hier mit der Griesebach-, Ebner- und Buberschen personalen Philosophie zwischen der Ich-Du- und Ich-Es-Beziehung zur Wirklichkeit. Es handelt sich um verschiedene Wirklichkeitsbezüge und unterschiedliche Wirklichkeitserfahrungen: der Wirklichkeitsbezug des berechnenden, analysierenden und konstruierenden Verstandes, durch den - mit O. Marquardt gesprochen - menschliches Schicksal unbewußtes Machsal ist, und die Wirklichkeitserfahrung des vertrauenden, staunenden und lobpreisenden Glaubens, der um die Unverfügbarkeit, das Unwahrscheinliche, das Nicht-Selbstverständliche des lebendigen Gottes und seines zukommenden Handelns weiß und gewiß ist: ein Wirken in Kontingenz und Kontinuität.

Heute ist dieser zwiefache Wirklichkeitsbezug zu differenzieren: einerseits findet die Ich-Es-Relation Geltung nur im nicht-quantenphysikalischen Bereich, der ja durch die Heisenbergsche Unschärferelation und das Bohrsche Korrespondenzmodell geprägt ist; andererseits ist die Ich-Du-Relation auszuweiten auf eine Ich-Wir-Beziehung, die das kommunikative und partizipatorische Verhältnis auf die menschliche Gemeinschaft und die natürliche Mitwelt ausweitet.

Gerade das weisheitliche Denken in den biblischen Zeugnissen, weit über einen Anthropozentrismus hinausgreifend, erkennt die Eigenständigkeit und Eigentätigkeit natürlicher Ereignisse, Abläufe und Ordnungen in Natur und Gesellschaft an, nimmt mit dem Verstand die Ordnungen des Lebens wahr und vertraut zugleich auf Gottes

33 C. S. Lewis, Surprised by Joy, London 1955

34 E. Schaper (Hg.), P. Moen, Der einsame Mensch

Erhalten, Begleiten, Dabeisein und Führen. Denn "die Furcht Gottes ist aller Weisheit Anfang" (Ps 111, 10; Spr 1, 7; 9, 10). Beide Erfahrungen sind miteinander verbunden. Zugleich erkennt das weisheitliche Denken der Glaubenden auch die Spannungen, in denen beide Erfahrungen stehen, und die widersprechenden Erlebnisse, also die Grenzen der Weisheit. G. v. Rad[35] schreibt in "Weisheit in Israel", S. 142: "Dieses göttliche Begleiten, einmal menschliches Planen begrenzend, einmal über das gesetzte Ziel hinaustragend - an ihm die menschliche Grenze zu erfahren - das war im Letzten eine tröstliche Lehre. Gerade durch diese Dialektik der Aspekte haben die Weisen das religiöse Denken des ganzen Abendlandes geprägt". "In dem Maß aber, in dem man Gott hinter den fixierten Ordnungen wirksam wußte, wurde nun auch die Welt, deren sich die Erkenntnis zu bemächtigen suchte, hineingezogen in den Horizont des großen Geheimisses, das Gott umgibt" (S. 145). Diese Ordnungen sind nach heutiger Erkenntnis Gesetzeshypothesen zu den kontingenten und zufälligen Geschehnissen in der Natur, in denen Gott am Werk ist.

In der abendländischen Naturphilosophie, Theologie- und Geistesgeschichte wirkte lange das von der aristotelischen Metaphysik geprägte Kausalschema nach mit den denkerischen Bemühungen, Gott als causa prima mit den causae secundae, den Zweitursachen in Natur und Menschenwelt, zu verknüpfen. Thomas v. Aquin, Fr. Suarez und - M. Luther dachte von seinem biblisch-theologischen Ansatz her anders - die Vertreter der altprotestantischen Orthodoxie seien erwähnt. In Überwindung des Kausalmechanismus der klasischen Physik Newtons durch Einsteins Relativitätstheorie und Heisenbergs Unschärferelation, durch die Forschungsergebnisse in Mikrobiologie und Astronomie gaben einerseits die Kraftfeldtheorie, das Modell der offenen Systeme und der sich selbstorganisierenden Systeme I. Prigogines ein neues Paradigma ab. Andererseits wirkte sich der Rückbezug auf die eschatologische Botschaft der Bibel und auf die biblisch-theologischen Denkformen im Spiegel der reformatorischen Erneuerung auf das Gespräch zwischen Theologie und Naturwissenschaft aus: Kompatibilitäten wurden erkannt und produktiv aufgenommen.

In diesem wirkungsgeschichtlichen Zusammenhang - abgesehen von den allerneuesten Forschungsergebnissen - schreibt D. Bonhoeffer seine Briefnotizen. 1960 verknüpft der leitende Direktor des Instituts für nukleare Forschung im amerikanischen Atomzentrum Oak Ridge, der dann protestantischer Pfarrer wurde, W. G. Pollard in seinem Buch "Zufall und Vorsehung"[36] die Wirklichkeitserfahrung des berechnenden Verstandes und die des vertrauenden Glaubens als "komplementäre Aspekte einer einzigen Realität"[37], eben der Ich-Es-Beziehung und der Ich-Du-Beziehung. "Nur durch das Erkennen dieses zwiefältigen Charakters der Realität bekommen die Vorstellungen von Freiheit, Bestimmung und Vorsehung Sinn und Bedeutung. Sie gehören zu der Welt des Ich und Du, wie die Vorstellungen von Zufall und Schicksal zu der Welt des Ich und Es gehören"[38]. Eine nicht zu übersehende

35 G. v. Rad, Weisheit in Israel, Neukirchen-Vluyn 1970

36 W. G. Pollard, Zufall und Vorsehung, München 1960

37 Ebd., 153

38 Ebd., 180

Parallelität zu D. Bonhoeffers Brief vom 21. 2 1944 zeigt sich hier an. Dabei nimmt der Theologe D. Bonhoeffer das autonome Ich in der Subjekt-Objekt-Relation als das seine Wirklichkeit eigenmächtig produzierende Subjekt unter dem Gesetz wahr und fasst die Sünde - gerade in seiner zeitgeschichtlichen Situation - als chaotische und destruktive Macht des Todes mit seinen großen und kleinen Brüdern in den Blick und stellt sie unter das Gericht Gottes.
Der Glaubende - D. Bonhoeffer und W. G. Pollard bezeugen es - weiß zum einen um die Grenzen der Weisheit, um die Durchbrechung prognostizierter Zukunft als Notwendigkeit durch Gottes Handeln, wie Joseph bekennt: "Fürchtet euch nicht! Bin ich denn an Gottes Statt? Ihr gedachtet es böse mit mir zu machen; aber Gott gedachte es gut zu machen" (Gen 50, 20). Gerade in Christi Kreuz wird Gottes gütiger Wille, der Versöhnung und Heil schenkt, offenbar. Zum andern weiß der Glaubende um die simultane Verbundenheit von Widerfahrnis und Handeln, Gnade und Freiheit im existentiellen Glaubensvollzug, auch wenn sie auf der logischen Ebene nur in ihrer Paradoxalität zu erkennen sind. Modellhaft drückt Phil 2, 11f das aus: "Schaffet, dass ihr selig werdet mit Furcht und Zittern, denn Gott ist es, der in euch wirkt das Wollen und das Vollbringen". Und Paulus sagt zu seinem apostolischen Dienst: "Ich ... nicht aber ich, sondern Gottes Gnade, die mit mir ist" (1. Kor 15, 10) in der Freiheit, "zu der uns Christus befreit hat" (Gal 5, 1) von der Knechtschaft der machtvollen, aber doch nur geschaffenen Elemente (Kol 1, 16). Es bleiben in Gottes Liebe und Gott in ihnen (1. Joh 4, 26; Joh 3, 21), die aus dem Glauben in der Liebe leben. Führungsgewissheit und ethische Verantwortung vebinden sich im Leben der Glaubenden, die um die Rechtfertigung des Sünders allein aus Gnade im Leben vor Gott in der Welt wissen. Selbst angesichts der Destruktionen des autonomen Ich und der technischen Vernunft mit dem Seufzen der Schöpfung in der Folge (Röm 8, 18 - 25) erkennt der glaubende Christ aufgrund der Selbstzurücknahme Gottes im Kreuz Christi als Versöhnungstat einerseits die Möglichkeit der Vergebung und stellt sich zugleich in die verantwortliche Mitarbeit zur Erhaltung und Bewahrung der Schöpfung Gottes. Zum andern bekennt er mit dem Verheißungswort Gottes aufgrund der Auferstehung Jesu Christi den Anfang der neuen Schöpfung, antitzipatorisch angebrochen durch den heiligen Geist in der trotz der Leben verneinenden Sündenmacht geduldigen und treuen Erhaltung, Begleitung und Führung des dreieinen Gottes, um einst in der Vollendung allein der Verherrlichung Gottes zu dienen.
Deutlich wird somit von D. Bonhoeffer her, dass "Chaos" und "Zufall" nicht letzte divinisierte "Prinzipien" oder "Elemente" (Kol 1, 16) sind; das gilt ebenso für das "deterministische Chaos" und den "gericheten Zufall"; sie gehören in den Bereich der Schöpfung, die allein durch Gottes Schöpferwort geschaffen ist.
Das geschöpfliche Geschehen wird in seiner kreativen Selbsttätigkeit erkannt, wie auch das freie verantwortliche Handeln der Menschen anerkannt wird in den alltäglichen Dingen; zugleich aber wird es als Mitwirken in das erhaltende, begleitende und lenkende Wirken des deieienen Gottes hineingenommen.
"Chaos" birgt dabei Äquivokationen in sich: die Konstitution kreativer Prozesse

offener Systeme und die Destruktion und Tod bringende Macht der Sünde. Hier haben Christen klar zu unterscheiden.
Gottes Vorsehung und die geschöpfliche Selbsttätigkeit, Gottes Vorherbestimmung und das verantwortliche Tun der Menschen, Gottes Gnade und die Freiheit der Glaubende verbinden sich - wofür Phil 2, 11f Modell steht - in einer Simultaneität.
Bei der komplementären Wirklichkeitserfahrung der analysierend-berechnenden Ich-Es- und der vertrauend-staunenden Ich/Wir-Du- Beziehung erweist sich das Muster "deterministisches Chaos" und "gerichteter Zufall" für die Glaubenden als Weise der Vorsehung des dreieinen Gottes, d. h. des erhaltenden, begleitenden und lenkenden Handelns Gottes gegen die chaotischen Kräfte der Sünde, des Bösen und des Todes auf die endgültige Vollendung der neuen Schöpfung, die in Jesus Christus angebrochen ist, durch Gottes Gericht und Gnade.

So darf der einzelne Glaubende auf seinem Lebensweg durch finstere Täler, entscheidungsvolle Kreuzwege, durch sündiges Hinfallen und schuldhaftes Versagen, durch dramatische Peripetie- und glückliche Emergenzerfahrungen gewiß sein, dass seine Lebensgeschichte wie die Geschichte der christlichen Gemeinde hineingenommen ist in Gottes große Heilsgeschichte. Mit Recht singen die Christen "Du bist mein Zufluchtsort; ich berge mich in deiner Hand. Denn Du schützt mich, Herr, wenn immer mich Angst befällt". Im Gebet befehlen sie ihren Lebensweg Gott anheim, der "den Himmel lenkt, der Wolken, Luft und Winden gibt Wege, Lauf und Bahn". Sie tauschen Grüße und Segensworte als Fürbitten aus zu Geburtstagen und Jahreswenden; sie lassen sich bei Tauf-, Konfirmations-, Trau- und Beerdigungsgottesdiensten das Verheißungswort von Gottes Begleiten und Führung trotz widerwärtiger Erfahrungen mit der Sünde und dem Bösen zusagen; es ist das Evangelium von der Führung des persönlichen Gottes - unter dem Schatten seiner Flügel - im persönlichen Leben und im Natur- und Menschheitsleben selbst gegen den Augenschein.
"Schicksal" wird durch den Glauben im Glauben an den dreieinen Gott "Führung". In diesem Sinn sagte K.Barth zu seinem Freud E. Thurneysen am Abend vor seinem Tod, also am Abend des 9. 12. 1968 - seine letzten Worte - , nicht ohne Humor, der zu den Früchten der Führungsgewissheit gehört: "Nur ja die Ohren nicht hängen lassen! Nie! Denn es wird regiert, nicht nur in Moskau oder Washington oder Peking, sondern es wird regiert, und zwar hier auf Erden, aber von oben, vom Himmel her! Gott sitzt im Regimente! Darum fürchte ich mich nicht. Bleiben wir doch zuversichtlich auch in den dunkelsten Augenblicken! Lassen wir die Hoffnung nicht sinken, die Hoffnung für alle Menschen, für die ganze Welt! Gott läßt uns nicht fallen, keinen einzigen von uns und uns alle miteinander nicht! - Es wird regiert!"[39] - selbst durch dunkelste Vernummungen, würde D. Bonhoeffer vielleicht ergänzen.

39 K. Kupisch, Karl Barth, Rowohlts-Monographien 174, 135

“Glück” und “Leid”
Theologischs Bedenken im Anchluß an D. Bonhoeffer

“Glück” und “Leid” erweisen sich als Grunderfahrungen menschlichen Lebens. Doch was ist damit gemeint? Und wie ist ihr Verhältnis zueinander? Schließen sie sich gegenseitig aus? Sind sie aufeinander bezogen, gar miteinander verbunden?
Solche Frage stellen sich angesichts der sozialwissenschaftlichen Jugendstudie “Jugend und Religion 2. Postmoderne Religion”, Opladen 1992 von Heiner Barz: Im Gegensatz zur Kantischen Pflichtethik prägt die Frage nach dem individuellen “Glück” den “durchschnittlichen Alltagsglauben” der Jugendlichen (S. 261).”Glück” identifiziert sich im “heiligen Diesseits” (S. 274f) als “bewährte Freundschaft, Geborgenheit in der Partnerbeziehung/Familie, gehobener Lebensstandard, Freiheit und Selbstkongruenz, Zufriedenheit im Beruf” (S. 249). Gleichzeitig stellt der Autor eine große Abneigung gegen das “Kreuz” als Symbol des “Leids” fest, verglichen etwa mit dem Yin-Yang-Symbol. Diese Beobachtung mag mit dem Alter und der Lebensgeschichte junger Menschen zusammenhängen; zugleich spiegelt sie aber exemplarisch in den Jugendlichen als Teil im Ganzen der Gesellschaft die Werte- und Sinneinstellung einer Gesellschaft, d. h. auch der Erwachsenenwelt, wider.
Obwohl auch kritische Anfragen an die Methode[1] und an das Vorverständnis[2] dieser Studie zu richten sind und die provozierende These H. Barz, dass “die christlichen Kirchen größte Schwierigkeiten mit dem individuellen Streben nach Glück” (S. 255) haben unter Hinweis auf die Leerstelle von “Glück oder Eudämonismus” in der “Theologischen Real-Enzyklopädie (TRE)”, so nicht haltbar ist[3], fordert seine Studie zur gerade auch theologischen Klärung von “Glück” und “Leid” und ihres

1 Heiner Barz, Jugend und Religion 1: Postmoderne Religion, Opladen 1992, 23ff

2 Ebd., 264ff

3 Vgl. die Lexikonartikel: W. Eichroth, Art. Glück, in: RGG II [2], 1250 -1252; J. de Vries, Art. Glück, in: RGG II [3], 1628 – 1629; K. Kotte, Art. Eudämonismus, in: RGG II [3], 723 - 728; Kl. Otte, Art. Glück und Schicksal, in: EKL II [3], 216 – 220. Vgl. die interdisziplinären Symposia, an denen Theologen beteiligt sind: U. Hommes (Hg.), Was ist Glück? Ein Symposium, München 1978; W. Schneider, Glück – was ist das?, rororo 7392, Reinbck 1981; G. Bien (Hg.), Die Frage nach dem Glück, Stuttgart 1978; H. Kindler (Hg.), Anatomie des Glücks, Köln 1971; P. Engelhardt, Glück und geglücktes Leben, Mainz 1985; H. Weigel (Hg.), Wie sieht erfülltes Leben aus?, Stuttgart 1976. Vgl. die theologischen Abhandlungen zum Thema: G. M. Martin, Wir wollen hier auf Erden schon. Das Recht auf Glück, Stuttgart 1970; G. Greshake, Gottes Heil. Glück des Menschen, Freiburg 1983; H. Röhrlein, Der Himmel auf Erden. Plädoyer für eine Theolgie des Glücks, Frankfurt 1978; H. Buhr, Das Glück und die Theologie, Stuttgart/Berlin, 1969; D. Sölle, Phantasie und Gehorsam, Stuttgart/Berlin 1968[2]; B. Grom/H.- W. Schillinger, Glück und Sinn, Düsseldorf 1980; Vgl. die religionspädagogischen Unterrichtsentwürfe: W. Trutwein/H. Assig (Hg.), Glück und Heil. Befragter Glaube Nr. 19, Düseldorf 1972; Fr. W. Niehl, Glück und glückliches Leben, Frankfurt/M 1985; H. D. Strack, Auf der Suche nach dem Glück (Masch.), Freiburg 1971. Vgl. auch die neuen Katechismen: Evangelischer Erwachsenen Katechismus, hrsg. W. Jentsch, H. Jetter, M. Kießig, H. Reller, Gütersloh 1975[2], 468-476; Katechismus der katholischen Kirche, München 1993, 460 - 462

Verständnisses zueinander heraus.

1. "Glück" und "Leid" - allgemein

1.1. "Glück" - allgemein

Das deutsche Wort "Glück", das sprachgeschichtlich erst 1160 vorkommt, meint das, "was gut ausläuft, sich gut trifft"[4], eben klappt. In seinem multiperspektiven und vieldimensionalen Konnotationen - Marcus Terentius Varro kannte 268 Bedeutungen mit den sich darin widerspiegelnden Glückstheorien - droht es ein Plastik- oder Selbstbedienungswort zu sein etwa für "Sinn"[5]. Gleichwohl lassen sich vor allem drei semantische Aspekte herausschälen: a. der *Glücksfall* oder das Glücksereignis, das Fortuna oder Tyche aus ihrem Füllhorn schickt, das nach dem Kupferstich von Jan Harmensz Muller (1590) dem Glückspilz blind zufällt, sich aber auch mit dem Tüchtigen, der seines Glückes Schmied ist, verbinden kann; b. die *Glücksgüter* des Glückhabens, die bei einer gewissen Korrespondenz von Lebensstandard und c. emotionalem *Glücklichsein* auf die materiellen, physikalischen, individuellen und sozialen Voraussetzungen von "Glück" verweisen, die aber mit den gesellschaftlichen Werten und Zielsetzungen auch die Verantwortung für diese einschließen sollen: Friede in Freiheit, Rechtssicherheit in Gerechtigkeit, Leben in gesunder Mitwelt usw. Alle drei Aspekte verbindet "Glück" als "gelingendes und erfülltes Leben"[6], als sinnvolles Leben auch durch die Befriedigung von Bedürfnissen, aber nicht nur durch hedonistische Lustmaximierung produzierter Glückswirklichkeit der "schönen neuen Welt" oder der medialen Konsumgesellschaft "Wir amüsieren uns zu Tode"[7], sondern durch Wohlergehen und Wohltun; das Projekt gelingenden Lebens ist damit durch persönliche und soziale Verantwortung in das Gemeinwohl von Gemeinschaft und Gesellschaft eingebunden. Das "Glück" erweist sich nie als sicheres Haben, wie die Erfahrung zeigt, die sich z. B. in Sprichwörtern geronnen ausspricht; sie sprechen von der Zerbrechlichkeit und Nicht-Dauer des "Glücks". Der glückliche Zufall, die Glücksgüter, das Glücklichsein in der individuellen oder gesellschaftlichen Lebenswelt bleiben Bedingungen der Endlichkeit und dem Wandel der Zeitlichkeit unterworfen.

1.2. "Leid" - allgemein

"Leid" wird wie "Glück" in seinem individuellen und gesellschaftlich-kulturellen Kontext jeweils sehr verschieden erfahren. Da sind

a. die *Leidwiderfahrnisse*, die als Unglücksfälle und Schicksalsschläge den Verlust von Eigentum, lieben Mitmenschen, Ehre oder Gesundheit bedeuten oder Gewalteinflüsse wie Naturkatastrophen, Krieg oder Unrechtsstrukturen anzeigen, die Zerstörung, Tod, Mißerfolg und Scheitern bringen. Leiderfahrung meint so die

---

4 Fr. Kluge, Etymologisches Wörterbuch der deutschen Sprache, bearbeitet von W. Mitzka, Berlin 1967[20], 262

5 O. Marquard, Zur Diätetik der Sinnerwartung, in: ders., Apologie des Zufälligen, Stuttgart 1986, 42

6 G. Bien (Hg.), Die Frage nach Glück, Stuttgart 1978, in: ebd., ders., Die Philosophie und die Frage nach dem Glück, XVI

7 N. Postman, Wir amüsieren uns zu Tode, Frankfurt/M 1988

negativ besetzte Heimuchung.
b. Der Patient im weitesten Sinn trägt die *Leidlasten*, fühlt den entfremdenden physischen und psychischen Schmerz, spürt die Bedrückungen von Kreuz und Kümmernissen, Isolierung, Einsamkeit, Zerrissenheit und Dunkelheit; er leidet an sich selbst, an seiner Zeit und auch an Gott.
c. Der *Leidende* erfährt das "Leid " in seiner physischen, psychischen und sozialen Dimension; auch verbinden sich die individuelle und soziale Seite und rufen die Frage nach Sinn und nach Überwindung von "Leid" im Leidenden hervor[8].
Wie es das selbst produzierte "Glück" gibt, so auch das selbst oder durch andere Menschen fahrlässig oder vorsätzlich verschuldete "Leid". Auch ist zwischen dem behebbaren oder heilbaren "Leid" einerseits und dem nichtbehebbaren oder unheilbaren "Leid" andererseits zu unterscheiden.
Das "Leid", das Unglück des Heimgesuchten, das Kreuz des Leidtragenden, das Leiden des Patienten scheint bei dieser Betrachtung im Gegensatz zum "Glück" zu stehen. Nun war es D. Bonhoeffer, der die Erfahrung von "Glück und Leid" "Glück und Ungück", "Glück und Kreuz" *in Beziehung* zueinander bringt. Dem soll weiter nachgegangen werden.

2. "Glück und Leid" bei D. Bonhoeffer
D. Bonhoeffer zieht "Glück und Leid"[9], "Freude und Schmerz"[10] in die Polyphonie des Lebens, das durch den cantus firmus des Glaubens[11] getragen ist. Bei der Unterscheidung von Vorletztem und Letztem nimmt er die Glücks- und Leiderfahrungen, in denen Gott sich dem Glaubenden erfahrbar macht, in die eine Christuswirklichkeit hinein und stellt sie bei der "Treue zur Erde" und zum Diesseits in den eschatologischen Referenzrahmen[12]. Gerade in der Gefängniszeit äußert sich D. Bonhoeffer in den lebensgeschichtlich geprägten persönlichen Briefen an die Eltern, an den Freund Eberhard Bethge und an die Verlobte Maria von Wedemeyer, in Gedichten und im Roman- und Dramenfragment zu "Glück und Leid".
Als Erweis und Wirkung der verantwortlichen Tat nimmt er einerseits das "Glück" wahr; "jeder ist seines Glückes Schmied"[13]. Das "Glück" erfährt man in der bejahten Leiblichkeit: die Freude an gutem Essen, der Dank für die Schönheit der Natur, etwa das Spüren der wärmenden Sonnenstrahlen auf der Haut; an den Freund im fernen Italien schreibt D. Bonhoeffer am 30. 6. 1944, nachdem er an die quälende Hitze dort gedachte: "Und doch, weißt Du, ich möchte sie einmal wieder richtig spüren in ihrer ganzen Macht, wenn sie einem auf die Haut brennt und allmählich den ganzen Körper zum Glühen bringt, so dass man wieder weiß, dass man ein menschliches

8 Vgl. u. a. G. Gerstenberger/W. Schrage, Leiden, Stuttgart-Berlin-Köln-Mainz 1977; D. Sölle, Leiden, Stuttgart-Berlin, 1978[4;] U. Eibach, Der leidende Mensch vor Gott, Neukirchen-Vluyn 1991; M. Plathow, Menschenleid als Leiden an Gottes Verborgenheit, ThZ 40, 1984, 275-295; ders., Christus als Arzt, in: Luther 64,1993, 23 - 34
9 D. Bonhoeffer, Widerstand und Ergebung, München 1990[14], 200
10 Ebd., 159
11 Ebd., 158
12 D. Bonhoeffer, Ethik, München 1958[4,] 75 - 85; ders., Widerstand und Ergebung, 96, 120f
13 Ders., Widerstand und Ergebung, 33; vgl. auch die Predigt über Prov 16, 9 aus dem Jahr 1934, gehalten in der deutschen Auslandsgemeinde in London, in: GS I, 174ff, 623ff

Wesen ist ... "[14]. Das "Glück" wird weiter erfahren in den vertrauensvollen Familienbeziehungen, in der gelingenden Freundschaft, in der Liebe von Mann ud Frau. Im Roman- und Dramenfragment schildert D. Bonhoeffer das "Glück" der Freundschaft, indem er den Major sagen läßt: wir hatten gelernt, "dass kein Mensch für sich allein auf der Welt ist, sondern dass er neben anderen Menschen leben und mit ihnen auskommen muß und dass das ein Glück für die Menschen ist"[15]. Das "Glück" in der Ehe preist er in der "Traupredigt aus der Zelle. Mai 1943" und an seine Verlobte schreibt er am 10. 11. 1943[16]: "Ja, Maria, - aber dass es selbstverständlich ist, das ist ja gerade das Wunder, das mir immer wieder unbegreifliche Glück, das so ganz und gar Unselbstverständliche! Vor mir hängt Dein Bild ..."[17]; zugleich deutet er das Nichtselbstverständliche des Glücks der Liebenden als gemeinsame Aufgabe[18]. Im Nichtselbstverständlichen des irdischen Glücks - es bricht "aus dem Ewigen"[19] in die Lebenswege ein - und in der verantwortlichen Tat für andere erfährt der Glaubende "Gott mitten in unserem Leben jenseitig"[20]. Da widerfährt ihm Gottes Segen; denn "Glück" besteht für D. Bonhoeffer - als "theologischen Zwischenbegriff" - vom Alten Testament her im "Segen Gottes, der alle irdischen Güter in sich schließt"[21]. Es handelt sich um den *Segen* irdischen "Glücks" in der Spannung von *Letztem und Vorletztem* der Christuswirklichkeit[22]: Christus als die "Mitte"[23], auf den die ganze Wirklichkeit bezogen ist und von dem sie in der neuen eschatologischen Perspektive erscheint.

D. Bonhoeffer weiß um die Vorläufigkeit, um das Torsohafte des irdischen "Glücks" wie aller natürlichen Dinge des Vorletzten, das in seiner Fragmentarizität auf das Letzte verweist[24], auf das Ganze hin angelegt ist und von da seine neue Bedeutung in der einen Christuswirlichkeit erhält. Hierdurch läßt er aber das irdische "Glück" in der "Treue zur Erde" nicht "wurmstichig"[25] werden. So schreibt er an den Freund am 18. 12. 1943: "Ich glaube, wir sollen Gott in unserem Leben und in dem, was er uns an Gutem gibt, so lieben und solches Vertrauen zu ihm fassen, dass wir, wenn die Zeit kommt und da ist - aber wirklich erst dann! - auch mit Liebe, Vertrauen und Freude zu ihm gehen. Aber - um es deutlich zu sagen - dass ein Mensch in den Armen seiner Frau sich nach dem Jenseits sehnen soll, das ist milde gesagt eine Geschmacklosigkeit und jedenfalls nicht Gottes Wille. ... Gott wird es den, der ihn in seinem irdischen Glück findet und ihm dankt, schon nicht an Stunden fehlen lassen, in denen er daran erinnert wird, dass alles Irdische nur etwas Vorläufiges ist und dass

14 Ebd., 179
15 Ders., Fragmente aus Tegel, München 1978, 150
16 Ders., Widerstand und Ergebung, 33ff
17 R.-A. von Bismark/U. Kabitz (Hg.), Brautbriefe – Zelle 92. Dietrich Bonhoeffer. Maria von Wedemeyer. 1943 - 1945, München 1993[2,] 38, 68
18 Ebd., 57
19 D. Bonhoeffer, Widerstand und Ergebung, 176f: „Glück und Unglück“
20 Ebd., 141
21 Ebd., 199
22 Ebd., 182
23 Ebd., 141; GS III, 195; vgl. M. Plathow, Grenze und Mitte, in: Pastoraltheologie 1981, 2 - 17
24 Ebd., 63, 120f
25 Ebd., 96

es gut ist, sein Herz an die Ewigkeit zu gewöhnen"[26]. Folglich erteilt D. Bonhoeffer einer nekrophilen Lebenseinstellung - etwa von der damaligen Opferideologie geprägt - z. B. im Dramenfragment eine klare Absage[27]. In der einen Christuswirklichkeit bezieht er die "Glücksgüter", das "Widerfahrnis von Glück" und das "Glücklichsein" als Segensgaben Gottes auf das Letzte des Reiches Gottes. "Jesus nimmt das ganze menschliche Leben in allen seinen Erscheinungen für sich und für das Reich Gottes in Anspruch"[28]. Mit einer etwaigen Verabsolutierung, aber auch mit jeglicher Art von Privatisierung und Individualisierung des "Glücks" liegt D. Bonhoeffers "Glücks"verständnis über Kreuz. Das meint *Sünde*, die mit dem Egoismus und der Gemeinschaftslosigkeit zum andern und zu Gott das zerstört und eliminiert, was der"Glücks"- und Segenserfahrung eigen ist: die Freude und der *Dank* sowie die vertrauende und liebende Hinwendung zum anderen in *der verantwortlichen Tat.* In diesem Sinn heißt es im Romanfragment: "Wir hatten uns beide auch für Halbgötter gehalten, bis wir erkannten - oder jedenfalls spürten - , dass wir Menschen sind, die aufeinander angewiesen sind, miteinander und nebeneinander leben müssen; und das war unser Glück. Wir wurden Freunde"[29]: "Fern oder nah in Glück oder Unglück erkennt der eine im andern den treuen Helfer zur Freiheit und Menschlichkeit"[30]. "Glück" als "Zeichen der Freundlichkeit Gottes" in der vertrauenden und tätigen Beziehung zum andern macht so D. Bonhoeffers *relationales und gemeinschaftliches* Verständnis von "Glück" deutlich.

Auch die "Leid"erfahrungen des einzelnen stellt D. Bonhoeffer in die relationalen und gemeinschaftlichen Verhältnisse hinein. "Leid" als physischer Schmerz, als psychische Belastung, als soziale Einsamkeit, wie auch D. Bonhoeffer sie erfuhr, hat über den unglücklichen Zustand für den Glaubenden noch "eine ganz andere Dimension"[31]: die Hineinnahme in die Christuswirklichkeit, denn "Christus litt in Freiheit, in Einsamkeit und in Schanden, an Leib und Geist, und seither viele Christen mit ihm"[32]. "Leid", fremdes und eigenes "Leid", selbst oder von anderen herbeigeführt, schuldhaft bzw. fahrlässig, oder "Leid" als schicksalhafte Heimsuchung, "Leid", heilbar oder unheilbar, wird bei seiner je eigenen Schwere, Besonderheit und häufigen Unverständlichkeit für diesen Verweisungszusammenhang geöffnet.

Das "Leid" des anderen, des Freundes, des Mitchristen und überhaupt des Mitmenschen, ruft "zur Tat und zum Mitleiden"[33]. "Wenn wir Christen sein wollen,

---

26 Ebd., 95f; vgl. auch: 33f

27 Ders., Fragmente aus Tegel, 58; vgl. auch: 162

28 Ders., Widerstand und Ergebung, 182

29 Anm. 27, 162; vgl. auch: 154f. Im Gedicht „Der Freund" (WuE, 216) heißt es:
„Fern oder nah
im Glück oder Unglück
erkennt der eine den andern
den treuen Freund
zur Freiheit
und Menschlichkeit".

30 Des., Widerstand und Ergebung, 216

31 Ebd., 126

32 Ebd., 23

33 Ebd., 22

so bedeutet das, “dass wir an der Weite des Herzens Christi teilbekommen sollen in verantwortlicher Tat, die in Freiheit die Sünde ergreift und sich der Gefahr stellt, und in echtem Mitleiden, das nicht aus der Angst, sondern aus der befreienden und erlösenden Liebe Christi zu allen Leidenden quillt”[34]. Mit der befreienden und erlösenden Liebe Jesu Christi in der stellvertretenden Schuld- und Strafübernahme am Kreuz für die Sünden der Menschen ist durch den heiligen Geist das Miteinander und Füreinander der “Gemeinde für andere” konstituiert. Vergebung, Leben und Seligkeit, eben das Heil und Gesundheit, Glück und Gemeinschaft schenkend sowie Trost und Hoffnung wirkend, machte Jesus Christus das Reich Gottes offenbar. Und in der Nachfolge Jesu Christi, dem sacramentum und exemplum, trägt einer die Last mittragend für den anderen mit und wird ihm so wie ein Christus (Mt 25, 40). Die Sympathie des einen für den anderen durch den heiligen Geist reicht da vom Mit- und Fürsein über die Fürbitte und die Sündenvergebung bis zur stellvertretenden Schuldübernahme[35].

Das eigene heilbare Leid in seinen verschiedenen Erfahrungsformen fordert beim Christen den Willen zur Heilung, zur Gemeinschaft und zu Frieden und Gerechtigkeit wie auch zur Offenheit für die Hilfe und den Trost des “treuen Freundes”[36] und der christlichen Gemeinde heraus. Das eigene nicht behebbare Leid erweist sich - bei der bedrückenden Beschwernis und lästigen Last des je eigenen Leids - für D. Bonhoeffer letztlich als “Station auf dem Weg zur Freiheit”: “Die starken tätigen Hände sind dir gebunden. Ohnmächtig einsam siehst du das Ende deiner Tat. Doch atmest du auf und legst das Rechte still und getrost in stärkere Hand und gibst dich zufrieden. Nur einen Augenblick berührtest du selig die Freiheit, dann übergibst du sie Gott, damit er sie herrlich vollende”[37]. In der Gemeinschaft, d. h. in der Glaubens- und Geistgemeinschaft mit Christus und den Christen leidet der Glaubende - gerade in der Nachfolge unter dem Kreuz - mit Christus. “Christen und Heiden” gehen in der Klage und Bitte - wie Christus - zu Gott, “flehen um Hilfe, bitten um Glück und Brot”, d. h. um gelingendes Leben durch Annahme unheilbaren Leids oder durch Heilung heilbaren Leids; und sie bitten um “Errettung aus Krankheit, Schuld und Tod”[38] in der 7. Bitte des Vaterunsers, d. h. um die Erlösung vom Bösen zur glücklichen Freiheit im “Vorletzten” und zur glückseligen Freiheit im “Letzten”. Christen stehen da “bei Gott in seinem Leiden”[39], denn “Gott läßt sich aus der Welt herausdrängen ans Kreuz, Gott ist ohnmächtig und schwach in der Welt und gerade und nur so ist er bei uns und hilft uns. Es ist Matthäus 8, 17 ganz deutlich, dass Christus nicht hilft kraft seiner Allmacht, sondern kraft seiner Schwachheit, seines Leidens”[40].

Erlösend vom Bösen ist Gott den Glaubenden in der Gemeinschaft mit Jesus Christus nah im Segen und im Mitleiden.

---

34 Ebd., 22
35 Vgl. ders., Sanctorum communio, München 1960[3], 132ff; ders., Ethik, 174f, 186f
36 Ders., Widerstand und Ergebung, 200, 216
37 Ebd., 197, 200
38 Ebd., 188
39 Ebd., 188
40 Ebd., 191f

Das von D. Bonhoeffer so deutlich gesehene soziale Feld der Glück- und Leiderfahrungen spricht sich auch im Gedicht "Glück und Unglück"[41] aus. Ähnlich wie die frühe Predigt zu Spr 16, 9 [42]handelt es vom zufallenden "Glück" und heimsuchenden "Unglück". Beide "im Anfang ununterscheidbar nah" brechen ungeschieden "aus dem Ewigen" ins menschliche Leben, werden "leuchtend und drohend", "segnend zugleich und vernichtend" in der Polyphonie des Lebens, in der Vielfalt der Lebenslandschaften. "Erst die Zeit teilt beide" und wandelt das "jähe Ereignis" "zu ermüdend quälender Dauer" der "wahren Gestalt" des Unglücks. Das ist der Moment "gemeinschaftlicher Bezüge und Erfahrungen des Unglücks". "Die Meisten" wenden sich ab. "Das ist die Stunde der Treue, die Stunde der Mutter und der Geliebten, die Stunde des Freundes und Bruders. Treue verklärt alles "Unglück" und hüllt es leise in "milden überirdischen Glanz"[43] und läßt so "Glück" und "Unglück" erfahren.
"Glück" und "Leid" bricht hiernach als Gesetz, im theologischen Sinn verstanden, herein in menschliche Lebenswelten, durchkreuzt Wege, vermummt als "Es", schicksalhaft.
Theologisch stellt sich die Frage: "Wie aus 'Schicksal' wirklich 'Führung' wird"[44], also wie das Du Gottes in dem, was "alles zufällt" (Mt 6, 33), widerfahren wird. Es ist für D. Bonhoeffer der Glaube an den gekreuzigten und auferstandenen Christus, also an das Evangelium von der einen Christuswirlichkeit, der fürsorgend der Segensgaben und der Freudlichkeiten des persönlichen Gottes im "Glück" und der Nähe des begleitenden Mitleidens des "Gottes alles Trostes" (2. Kor 1, 3) im scheinbar schicksalhaften "Unglück" vergewissert .
Wie schon im Alten Testament - und dann auch im Neuen Testament - "der Gesegnete viel leiden" muß (Abraham, Jakob, Joseph), so führt, wie D. Bonheffer betont, das nirgends dazu, "Glück und Leiden, bzw. Segen und Kreuz in einen ausschließlichen Gegensatz zueinander zu bringen"[45]. Sie sind *aufeinander bezogen* und miteinander verbunden. In der Erlösungstat des *gekreuzigten und auferstandenen Christus* ist den Glaubenden das Heil geschenkt, das der Glücklichen Heilung und Segen wirklich werden läßt und der Leidenden Trost und Hoffnung im angebrochenen Reich Gottes auf die Vollendung im "Letzten" hin. "Segen und Kreuz" erfahren die Glaubenden dabei in der *Christusgemeinschaft* im Miteinander und Füreinander der Christen.

3. "Glück" und "Leid" - biblisch-theologisch

3.1. "Glück" - biblisch-theologisch

"Glück" ist kein biblischer Ausdruck. Gleichwohl lassen sich verschiedene Äquivalente in den alt- und neutestamentlichen Zeugnissen festmachen, die in

---

41 Ebd., 176f
42 Ders., GS I, 174ff, 623ff
43 Anm. 36, 177
44 Ebd., 119; vgl. M. Plathow, Wie aus 'Schicksal' wirklich 'Führung' wird. Zufall und Vorsehung, in: Gott würfelt (nicht)! Chaos, Zufall, Wissenschaft und Glaube, in: Herrenalber Forum Bd. 6, Karlsruhe 1993, 63 - 83
45 Ebd., 200

konstitutiver Weise die Schöpfung und die Menschen in die wohltätige Beziehung zu Gott rücken. D. Bonhoeffer weist in seinem Brief vom 28. 7. 1944 auf die Entsprechung von "Glück" und "Segen"[46], aber auch das Widerfahrnis von Gottes Gutsein in den Gaben seines Schalom, in seiner Herrlichkeit (Kabod), in seinem konkreten Dasein und Mitsein als fürsorgender Immanuel (Ex 3, 14) ist zu nennen. Gottes Segen widerfährt in der Schönheit und Fruchtbarkeit der Schöpfung, in der guten Ernte, im Gelingen der Arbeit, in friedlichen Zeiten, in der Gemeinschaft der Ehepaare und Freunde, in der Nachkommenschaft, in der inneren Ruhe und Zufriedenheit des Alters[47]. In fast säkularem Ton wird Josephs Glück bringende Lebensgeschichte und Davids erfolgreicher Aufstieg im Alten Testament erzählt und zugleich - wie überhaupt in der biblischen Weisheitsliteratur[48] - als Widerfahrnis von Gottes Mitsein und Begleiten verstanden; es handelt sich um das Widerfahrnis von Gottes Schalom als Frieden, Gerechtigkeit, Fürsorgen und Bewahren, um Wohlergehen und Gelingen in der Schöpfung nach dem Sündenfall mit dem "ängstlichen Harren" und "Sehnen" der leidenden Kreatur nach Erlösung (Röm 8, 18f).

So schenkt Gott ausgreifend seinen Segen dem Abraham wider den Augenschein; um den Segen eifert Jakob; der Segen des Aaron (Deut 6, 25f) - in der bittenden und zusagenden Form - wird dem Volk Israel und der Gemeinde Jesu Christi verheißen. Ähnlich sprechen die Briefe im Neuen Testament den Adressantengemeinden den Segen des dreieinen Gottes zu: "Die Gnade unseres Herrn Jesus Christus und die Liebe Gottes und die Gemeinschaft des heiligen Geistes sei mit euch allen" (2. Kor 13, 13).

Die biblischen Zeugnisse verbinden dabei Gottes ereignishaft-rettendes Handeln mit seinem bewahrend-begleitenden Wirken: etwa im Exodus-Geschehen als Befreiung und Freiheit des Volkes Gottes oder im Selbsterweis der Herrlichekit, des Kabod Jahwes in den Gaben sättigenden Mannas und des erquickenden Wassers auf dem Weg durch die Wüste. Entsprechend zeigt sich die Doxa Gottes in der vollmächtigen Selbstvorstellung Jesu Christi, dem Erlöser und Heiland der Welt, als Licht, Liebe, neues Leben im Sog des ewigen Lebens (Joh 1, 14).

Das errettende Heil Gottes zur Erlösung schließt einerseits den Segen von Gottes Schöpferwirken ein; andererseits ist das "Glück" verstanden als das Widerfahrnis von Gottes Segen schaffenden Dabei- und Fürsein, bezogen auf das Heil durch Gottes rettend-erlösendes Handeln jetzt und im Gericht.

Diese Verknüpfung wird in der Predigt, im Tun und in der Person Jesu Christi offenkundig. Als Mitte der Botschaft Jesu Christi erweist sich die Verkündigung des Reiches Gottes, das in seiner Predigt, in seinem Tun und in seiner Person angebrochen ist, um sich einst als Heil für die erlösungsbedürftige Menschheit und Schöpfung durch Gericht und Gnade zu vollenden.

Die Heils- und "Glücks"rufe der Makarismen am Beginn der Bergpredigt "Selig

46 Ebd., 199

47 Vgl. Cl. Westermann, Der Segen in der Bibel und im Handeln der Kirche, München 1968

48 Vgl. G. v. Rad, Weisheit in Israel, Neukirchen-Vluyn 1970

sind ..." lassen das Reich Gottes einladend Ereignis werden. Die Reich-Gottes-Gleichnisse vom Glückspilz, der zu-fällig den Schatz im Acker oder das kostbare Perlen-Unikat entdeckt, und weiter vom Gedeihen der Saat, von der Freude des Hochzeitsmahls usw. erzählen in der *Segenssprache* das *Heil des Reiches Gottes*. Die *Bilder vom* verurteilenden *Gericht*, von finsterer Gefangenschaft, von unglücklicher Kümmernis, dauernder Fruchtlosigkeit und trägem Mißlingen warnen in der *Leidsprache* vor dem Selbstausschluß aus dem Reich Gottes und rufen in der Predigt Jesu so zur *Umkehr*. Gelingendes und verwirktes Leben treten hart gegenüber. Jesus setzt in seiner Predigt klare Prioritäten: "Trachtet am ersten nach dem Reich Gottes und nach seiner Gerechtigkeit; und alles andere wird euch zu-fallen" (Mt 6, 33). Mit der Glaubensgewissheit des angebrochenen und sich einst vollendenden Reiches Gottes fällt sein Licht auf die zufallenden Wohltaten Gottes und gibt der Welt einen neuen Schein; das Letzte, das Heil der Erlösung, spiegelt sich sozusagen schon in den widerfahrenen Segensgaben Gottes. Im Glück des Glaubens wird es mit Dank und Freude als *Gabe und Aufgabe* empfangen und angenommen.

In seinem Tun macht Jesus weiter das Reich Gottes schon erfahrbar: er heilt Kranke, befreit sie vom Leid, hält Tischgemeinschaft mit Marginalisierten, er weckt Tote auf (Mt 11, 5f; Jes 35, 5f). Seine Taten helfender Zuwendung zu den Kranken und Unglücklichen, sein liebendes Fürsein für die Leidenden ruft die Glaubenden in die Nachfolge der Agape und so in das Glaubensglück der Liebe; *Gabe und Aufgabe* ist sie. Das Reich Gottes bricht - zusammengefaßt - in der Person Jesu Christi schon an, dem Messias und Heiland der Welt; die Hoheitstitel der synoptischen Evangelien bekennen vielstimmig; mit den "Glücks"- und Segensbildern der Vollmachts- und Selbstvorstellungsworte Jesu Christi bekennt sich das Johannesevangelium zum Heil in ihm: er ist das Brot des Lebens, das Wasser, das in das ewige Leben quillt, die Tür zum vergebenden Vater, der Weg und die Wahrheit zum gelingenden und ewigen Leben, das Licht der Welt, die Auferstehung und das Leben gegen schmerzvolles Leid, schuldhafte Selbstverschließung, Leben verwirkende Verhältnislosigkeit durch die Macht der Sünde und des Todes.

In der Gemeinschaft mit Gott dem Vater wird Jesus Christus, Gottes eingeborener Sohn unser erstgeborener Bruder (Joh 3, 16; Röm 8, 29), als der "glücklichste Mensch" bekannt; das glücklich und glückselig machende Heil gegen das Unheil und Unglück schenkt er und ist er für die Glaubenden. In der Gemeinschaft mit Jesus Christus haben sie schon Anteil an seiner Versöhnungs- und Erlösungstat im Glaubens"glück" der Hofnung auf die ewige Glückseligkeit; diese ist Gabe und Aufgabe. Die biblischen Bilder sprechen da vom Leben in der Gemeinschaft mit Gott, von der himmlischen Stadt des Friedens, vom Fest ohne Ende, das schon widerscheint im Glück des Glaubens, der Liebe und der Hoffnung gemeinschaftlicher Verbundenheit mit und in Jesus Christus.

Für die Rede vom heiligen Geist, von seinen Früchten und Gaben sowie von der personhaften Sprache vom heiligen Geist läßt sich entsprechendes wie für die Rede von Jesus Christus, seinem Predigen und Tun aufzeigen[49]. Indem der heilige Geist

49 Vgl. M. Plathow, Heiliger Geist. Hoffnung der Schwachen, Hannover 1985; und ders., Der Geist hilft unserer

den Glauben wirkt und das Heil gegenwärtig schenkt, kurz “zu Jesus Christus bringt” (BSELK 654, 39f), wirkt er zugleich auch als “Atem des Lebens” (Gen 2, 7; Ps 104, 29f) neuschaffend (Röm 6, 1; Eph 4, 13), erfüllt er mit Freude und Hoffnung und Liebe, schafft Gemeinschaft und nimmt so auch seufzend teil an der ängstlich auf die Erlösung wartenden Kreatur (Röm 8, 19ff). Er bringt weiter die Früchte des Geistes hervor: Liebe, Freude, Friede, Geduld, Freundlichkeit, Gütigkeit, Glauben, Sanftmut, Verzichtsbereitschaft (Gal 5, 22) sowie die verschiedenen Geistesgaben (1. Kor 12, 28). Mit Hoffnung besetzt sind die Prädikate des heiligen Geistes: Tröster (Joh 16, 7), Beistand (Joh 15, 26), Neuschöpfer (Röm 8, 11), Angeld der Hoffnung (2. Kor 1, 22), Erstlingsgabe (Röm 8, 23); eschatologische Gaben, Bilder und Metaphern der “Glücks”- und Segenssprache sind es wieder, offen und ausgerichtet auf das Heil. Sie bezeugen das Widerfahrnis der Gegenwart des dreieinen Gottes: das versöhnend-erlösende und neuschaffende Handeln Gottes in seiner trotz der sündigen Selbstverschlossenheit gegen Gottes Wohltaten, Willen und Heil dennoch segensreich erhaltenen Schöpfung um der Erlösung willen. Aus der Selbstbezüglichkeit menschlicher “Glücks”-, aber auch “Leid”erfahrungen führt der heilige Geist in die gemeinschaftlichen Bezüge mit Gott dem Vater Jesu Christi, dem eingeborenen Sohn Gottes unserem erstgeborenen Buder, und mit den anderen in Gemeinde, in Menschen- und Schöpfungswelt. Vollendet wird dieses gemeinschaftliche Verhältnis im Raum der Ewigkeit Gottes durch Gericht und Gnade, eben im Reich Gottes, wo einmal keine Sünde, kein Leid und kein Tod mehr sein wird; “denn das Erste ist vergangen” (Offb 21, 4).

3. 2. “Leid” - biblisch-theologisch

Die biblisch-theologische Verknüpfung von “Glück und Leid”, “Segen und Kreuz” - wie D. Bonhoeffer sie angezeigt hat - wird augenfällig auch beim Thema “Leid”.

Das Alte Testament und das Neue Testament spricht in Berichten und in der Klage häufig das Leid des einzelnen und der Gemeinschaft aus[50].

Es handelt sich einerseits um das von anderen Menschen schuldhaft gegen den guten Willen Gottes produzierte Leid und das vom Leidenden selbst schuldhaft hervorgebrachte eigene Elend und andererseits um das als unverständliches Widerfahrnis hereinbrechende Leid. Die individuelle und die gemeinschaftliche Dimension, die physische, psychische und soziale Ebene der Leiderfahrung sind dabei miteinander verbunden. Leid wird als Verlust von Eigentum, lieben Mitmenschen, als Erfahrung von äußeren Feinden, von Naturkatastrophen und ängstenden Mächten, auch als Angst vor der Gottesferne erfahren[51]. Leiden an sich selbst, Leiden an seiner Zeit, Leiden an Gott verknüpfen sich häufig. Leid als Folge menschlicher Sünde, als Widerfahrnis von Unglück, als Malheur erweist sich als Grunderfahrung des Menschen, der vor Gott in der Klage des einzelnen oder der Gemeinschaft die Warum- und Sinnfrage stellt und im Ruf aus der Tiefe Teil hat an

Schwachheit auf, in: KuD 40, 1994, 143 - 169

50 Vgl. G. Gerstenberger/W.Schrage, Leiden, Stuttgart, Berlin, Köln,Mainz, 1977

51 Ebd., 18f

der angstvoll harrenden Kreatur auf Erlösung (Röm 8, 19ff).
So betet der König Hiskia in der Krise körperlicher und seelischer Leiden: "Ich zwitschere wie eine Schwalbe und gurre wie eine Taube. Meine Augen sehen verlangend nach oben. Herr, ich leide Not, tritt für mich ein" (Jes 38, 14); ähnlich betet und klagt Jeremia (Jer 15, 17), Hiob (Hi 16, 9), der Psalmsänger (Ps 6, 2, 4; 22, 2; 42, 51)[52]. Den Tun-Ergehens-Zusammenhang - einige biblische Texte kennen ihn (Ex 32, 10ff; Deut 34, 4f; Am 5, 14; Hi 15, 18; Lk 13, 1ff; Joh 9, 11; 5, 14; Mk 2, 11) - durchbrechend, wird die Qual vom leidenden Gerechten vor Gott und gegen Gott herausgeschrien (Hi 9, 21; 30, 15ff; Ps 44, 1ff; Mk 14, 36), um Trost, Hilfe, Heilung, Zuversicht und Hoffnung von Gott her zu erfahren (Jes 38, 17; Hi 16, 19ff; Ps 22, 23ff; 2. Kor 4, 10ff; 12, 9ff; 13, 4; Röm 8, 20ff; 1. Petr 1, 21; 4, 12f). Denn Gott, die Quelle des Lebens (Ps 36, 10), will nicht Leid und Tod der Menschen (Hes 33, 11). Der Widerspruch und der Widerstand gegen das Leid, der Wille zur Heilung, die Überwindung behebbaren Leids oder die Annahme nicht behebbaren Leids als Heilwerden, auch als Prüfung, als Zeugnis für andere und als Zeichen für die Hoffnung zukünftiger Befreiung von Sünde und Leid sind den Glaubenden die Sinndimensionen erfahrenen Leids.
Die *anthropologische, soteriologische, ethische und echatologische* Sinngebung von Leiderfahrungen zentriert sich im Neuen Testament in *Jesus Christus*; er ist der "leidende" Mensch; in ihm zeigt sich Menschsein urbildhaft und vorbildhaft.
Zunächst jedoch ist festzustellen, dass Jesus Christus, in dessen Tun, Predigen und Person das Reich Gottes angebrochen ist, um sich einst zu vollenden, sich in klarem Widerspruch und Widerstand zu allem Leid verhielt, er, der Heiland und Anwalt der physisch, psychisch und sozial unter Krankheit, Ausgrenzung und Unrecht leidenden Menschen. In seinen Heilungen richtet er Zeichen des Reiches Gottes auf. Und das bedeutet Rettung aus dem tödlichen Leid und - als Vorzeichen der Auferstehung zum ewigen Leben - den Hinweis auf die Rettung im Gericht (Jes 33, 24; Mt 11, 5; 9, 1ff). In seinen Gleichnispredigten, die in "Leidbildern" das Unheil und die Heillosigkeit schildern, ruft er zur Umkehr und Hinkehr zum Heil Gottes. Seine Nachfolger sind in diesen heilenden Dienst hineingenommen (Mk 6, 12f; 16, 17f; Jak 5, 14f).
Jesus selbst geht den Weg des leideden Gerechten und leidenden Gottesknecht mit Schmerzen, Zittern, Zagen und Klagen bis in die Tiefe des Gottesschreis der Verlassenheit am Kreuz (Mk 15, 34)[53]. Die Flucht in Kindertagen, die Versuchungsversuche des Bösen, die Ablehnung durch Landsleute, die Verleugnung und der Verrat durch Freunde, die Torturen der Marter und Verspottung, das schmachvolle Sterben in Verlassenheit - all das findet seine Bedeutung, seine Eindeutigkeit als liebende Tat Gottes des Vaters für die Menschen in seiner Auferstehung von den Toten: als *stellvertretende Schuld- und Strafübernahme für* die Sünden der Menschen, ihnen zur Erlösung und zum ewigen Heil. Denn in der Auferstehung Jesu Christi wird seine Gemeinschaft mit Gott dem Vater offenkundig als der beglückende Trost und als die glückselige Hoffnung für die Menschen und die

52 Vgl. Cl. Westermann, Das Loben Gottes in den Psalmen, Göttingen 1963², 39ff, 48ff
53 X. Tiliette, Der Kreuzesschrei, in: EvTh 24, 1964, 3 - 15

Welt. Die Glaubenden in der Gemeinschaft mit Jesus Christus durch den heiligen Geist sind unter *parakletischem* Gesichtspunkt zum Widerstand gegen das behebbare Leid und zur Anwaltschaft und zum Liebesdienst für die Leidenden berufen[54].
Selbst Leidende vor Gott sind sie in das Mitleiden mit Jesus und um Christi willen in der Nachfolge gestellt unter *leidenstheologischem* Gesichtpunkt, sich mit Bitte und Klage in Anfechtungen und Nichtverstehen an Gott wendend und sich seiner Nähe, seiner Hilfe, seines Trostes in Jesus Christus vergewissernd und zwar im gekreuzigten Jesus Christus[55]. In seiner Versöhnungs- und Erlösungstat ist die absolute Macht der Sünde, des Leids, des Elends und des Todes schon zerbrochen, um einst in der Gemeinschaft mit Gott ganz der Vergangenheit anzugehören, wenn der dreieine Gott wird sein "alles in allem" (Offb 21, 2ff; 1. Kor 15, 28). In der Beziehung zu Jesus Christus erfährt der Glaubende und die glaubende Gemeinde in Anfechtung und Leid die Nähe Gottes durch den heiligen Geist, der mitleidend mit den Klagen der Menschen und dem Seufzen der leidenden Kreatur (Röm 8, 19f) zugleich "Angeld der Hoffnung" ist (2.Kor 1, 22); der Leidende vor Gott, der "Vorletztes" vom "Letzten" zu unterscheiden vermag, weiß sich - selbst in der Klage durch die dennoch intendierte Zuversicht - als ein Zeuge der Hoffnung im Glauben an Jesus Christus.

4. "Glück und Leid" - systematisch-theologisch

Die Bezogenheit von "Glück und Unglück", "Segen und Leid", "Wohl und Heil", auf die D. Bonhoeffer aufmerksam machte, bestätigt sich in den biblischen Zeugnissen. Die systematisch-theologische Betrachtung soll diese Bezogenheit im Begründungs- und Verweisungszusammenhang des christliche Glaubens weiter entfalten.
Dass "Glück" und "Leid" als Grunderfahrungen des leidens- und liebesfähigen Menschen nicht sich ausschließende Gegensätze oder defiziente Modi darstellen, sondern als eigenständige Grunderfahrungen aufeinander bezogen sind, sagt als anthropologische Grundaussage die menschliche Erfahrung, wie sie etwa in Sprichwörtern geronnen ist: das leidenschaftliche Glück der Liebe ist es, das Leiden schafft. Die Heimsuchung durch ein leidvolles Unglück - etwa eine Krankheit - kann die Wende aus einem gestreßten Lebensprojekt rotierender Leere zu einem bewußten, gelingenden und damit glücklichen Leben herbeiführen, wie etwa das lästige Sandkorn in einer Muschel die Perle entstehen läßt und die Toxoide der Schutzimpfung die Antikörper gegen verfehlt-verwirktes Leben hervorbringen.
Auch die soziale Verknüpfung von "Glück und Leid" - heute im weltweiten Zusammenhang wahrzunehmen - zeigt die Erfahrung an z. B. in dem Sprichwort :"Des einen Glück, des andern Leid". Dabei werden der *Glücksfall, die Glücksgüter und das Glücklichsein* wie auch das *Widerfahrnis von Leid, die Leidlasten und das Leiden* weder als ausschließliches "Machsal"[56], noch als ausschließliches Schicksal angesehen - auch im christlichen Glauben. Die

54 J. Sobrino, Christology at the crossroads. A Latin Amarican Approach London 1981, 2
55 Vgl. M. Plathow, Kreuz und Leid. Vergebung, Heil und Heilung, in: Reformatio 31, 1982, 463 - 473
56 O. Marquardt, Ende des Schicksals?, in: ders., Abschied vom Prinzipiellen, Stuttgart 1981, 70

grundlegende Gewißheit des christlichen Glaubens stellt nun die menschliche Grunderfahrung von "Glück und Leid" in die Beziehung zu Gott, eben in Gottes "Führung"[57], wie D. Bonhoeffer feststellt, wo Gott sich persönlich in das anonyme Geschick und das zufallende Schicksal einschreibt. Es geht um den *glücklichen Menschen vor Gott* und um den *leidenden Menschen vor Gott* in ihrer anthropologischen Verknüpfung; sie schließt das *Selbstverhältnis* des glücklichen und leidenden Menschen und das *gemeinschaftliche* Verhältnis zu den Mitmenschen und zur Mitwelt ein. Diese anthropologische Bestimmung findet für den Christen ihre Zentrierung in *Jesus Christus*. Der christliche Glaube meint ja die Beziehung zu Jesus Christus, dem "glücklichsten" und dem "leidenden" Menschen. Der heilige Geist wirkt diese Beziehung, indem er "zu Jesus Christus bringt". Der Glaube erweist sich als Geist- und Glaubensgemeinschaft von Christus und den Christen, so dass Christus "im Glauben selbst gegenwärtig ist"[58]. Die Grunderfahrung von "Glück und Leid" ist in die eine Christuswirklichkeit integriert und mit dem trinitarischen Verweisungszusammenhang auch in die Bezüglichkeit zu *Heil und Unheil*, Gnade und Gericht hineingenommen. "In der Perspektive des Glaubens stehen Glück und Leid nicht konträr einander gegenüber, so als schlösse das eine das andere aus. Sie gleichen vielmehr Linien, die aufeiander zulaufen, bis sie sich in einem Punkt treffen: Es ist der Punkt, in dem Christus steht, auf den hin alles geschaffen ist und in dem die Lebenslinien jedes einzelnen Menschen zusammenlaufen - auch die "von Glück und Leid gezeichneten Linien"[59]. Es sind Verbindungslinien zu Jesus Christus, die der Glaubende als vom heiligen Geist gezogene erkennt. Jesus Christus, der "glücklichste" und der "leidende" Mensch wird bekannt als der eingeborene Sohn Gottes unser erstgeborener Bruder. In seiner *Selbstentäußerung* bis ins Leiden am Kreuz als stellvertretende Schuld-und Strafübernahme zeigt sich des Vaters leidenschaftliche Liebe für die Sünder und sein Mitleiden mit der leidenden Kreatur von der Auferstehung Jesu Christi her als *Versöhnungs- und Erlösungstat zum Heil*. Das meint Gott "ohnmächtig und schwach in der Welt und gerade und so ist er bei uns und hilft uns"[60] als Kraft Gottes. Das Sühnopfer des eingeborenen Sohnes Gottes, mit dem der Vater sich identifiziert, schafft durch den heiligen Geist das Heil: der Gekreuzigte als Versöhner und Erlöser, das Wort vom Kreuz, das Kreuz als Lebensbaum. Die christliche Gemeinde singt darum in der Melodie von M. Luthers "fröhlichem Wechsel" und "seligem Tausch":
"Dein Kampf ist unser Sieg, dein Tod ist unser Leben;
in deinen Banden ist die Freiheit uns gegeben" -
die Freiheit von der Macht der Sünde, des Leides und des Todes.
"Dein Kreuz ist unser Trost, die Wunden unser Heil,
dein Blut das Lösegeld, der armen Sünder Teil". (EG 87, 3)

57 D. Bonhoeffer, Widerstand und Ergebung, 119
58 M. Luther, Galaterkommentar (1535), in: WA 40II, 228, 34 – 229, 1
59 J. J. Degenhardt, Glück und Leid, in: Glück und Leid, hrsg. R. Sprenger/H. Kraft, Paderborn 1983, 20
60 D. Bonhoeffer, Widerstand und Ergebung, 191. Vgl. auch: J. Moltmann, Der gekreuzigte Gott, München 1972, 265f; H. Jonas, Der Gottesbegriff nach Auschwitz, Suhrkamp Taschenbuch 1516, Tübingen 1987 und E. Jüngel, Gottes ursprüngliches Anfangen als schöpferische Selbstbegrenzung, in: Gottes Zukunft – Zukunft der Welt, hrsg. H. Deuser, München 1986, 265 - 275

Das Heil durch den eingeborenen Sohn Gottes hat als eschatologische Tat Ewigkeitsbedeutung; zugleich ist es im Predigen und Tun Jesu Christi, unseres erstgeborenen Bruders, schon angebrochen.

Weil Gott das Leid und Elend der Menschen nicht will und doch innerlich Anteil nimmt an den Leidenden, *widerspricht und widersteht* Jesus heilend, segnend und sich solidarisierend dem Leid, das Menschen schuldhaft aus der Sünde als Gemeinschaftslosigkeit mit Gott und als Selbstverschließung gegen den guten Willen Gottes hervorbringen. Seine Wohltaten, seine Heilungen weisen als *Zeichen* des Reiches Gottes auf das Heil. Seine Predigt verkündigt das *angebrochene und sich vollendende* Heil in den Reich-Gottes-Gleichnissen durch die Segens- und "Glücks"sprache; zugleich ruft seine Predigt durch die Leid- und Todesbilder zur Umkehr. Die Erfahrung von "Glück", Wohl und Segen weist im *Glauben an den dreieinen Gott* über sich hinaus auf das gegenwärtige, sich einst vollendende Heil, wie die erfahrene Heilung etwa einer Krankheit auf die Auferstehung zum Leben und das Leid und Elend zeichenhaft auf die Macht der Sünde und des Todes deuten. Mitten in der Welt der Sünde und Vergänglichkeit, in die auch die Glaubenden als "Gerechtfertigte und Sünder zugleich" noch eingebunden sind, handelt es sich nicht um die Beziehung von Glück und Glückseligkeit nach dem Natur-Gnade-Schema[61]; vielmehr bleiben die Erfahrungen von "Glück und Leid" ambivalent im "Streit zwischen Glaube und Unglaube um die Wirklichkeit"[62], zwischen Heil und Unheil; theologisch gesprochen, sie bleiben in dem spannungsvollen Verhältnis zwischen *Entspechung und Widerspruch von Gesetz und Evangelium.*

In der *Entsprechung* zu Jesus Christus stellt der heilige Geist durch den Glauben, der als grundlegende Gewißheit das Leben mit den Grunderfahrungen von "Glück und Leid" trägt und umfängt. Denn indem der heilige Geist am Heil in Jesus Christus teilgibt, schenkt er gelingendes Leben im Glaubensglück der Liebe und Hoffnung: Gaben, die empfangen werden und die anderen gemeinschaftlich weitergegeben werden, Wohlergehen, das Wohltaten aus sich gebiert. D. Bonhoeffer betont so die *soziale* Dimension von "Glück und Leid" und implizit die *parakletische*: als Gesegneter zum Segen für andere werden (Gen 12, 2).

Der glaubende Christ lebt in den Relationen des doppelten "von außen"[63]: "von außen" von Gottes Versöhnungs- und Erlösungstat in Jesus Christus beschenkt, gibt er dem, von dem er zur Liebe gerufen wird; angesprochen vom Wort der rechtfertigenden Gnade, antwortet er mit Dank und Freude im Miteinander der Familie, der Freunde, der Gemeinde und im Fürsein für andere; Jesu Christi Anwaltschaft durch den heilige Geist macht ihn zum Anwalt der im Leid Verstummten, Lasten mittragend (Gal 6, 2), dem individuellen und strukturellen Leid - eigenem und fremdem - widerstehend und widersprechend, Heilung und Trost

61 Vgl. Aristoteles, Nikomachische Ethik I1, 1094a,20f; X 6 - 13; Au. Augustin, De beata vita; Thomas v. Aquin, Sth I-II qq 1 - 5; G. Bien (Hg.), Die Frage nach dem Glück, Stuttgart 1978; G. Greshake, Gottes Heil. Glück des Menschen, Freiburg 1973, 206; Katechismus der katholischen Kirche, München 1993, 460 - 462

62 Vgl. G. Ebeling, Glaube und Unglaube im Streit um die Wirklichkeit, in: Wort und Glaube Bd. I, Tübingen 1962, 393 - 406; R. Slenczka, Kirchliche Entscheidung in theologischer Verantwortung, Göttingen 1991, 118ff

63 M. Luther, Von der Freiheit eines Christenmenschen, in: CL II, 27, 16 - 23

bringend und mit dem Wort der Vergebung und mit der Fürbitte Schalom stiftend.
Dem *behebbaren Leid* des Nächsten gilt die helfende und heilende Tat der Liebe zu gelingendem und glücklichem Leben; dem *unheilbar Leidenden* gilt die Empathie durch die Gemeinschaft, die Fürbitte und das Trostwort des "Gottes alles Trostes" (2. Kor 1, 3) angesichts des Leidens Christi für uns und mit uns und im Blick auf die Auferstehung zum ewigen Leben in Christi Auferstehung, wo "kein Leid, kein Schmerz, kein Tod mehr sein wird"; denn das "Vorletzte" ist vergangen (Offb 21, 4).
Selbst von Unglück und Leid heimgesucht, wird der Glaubende in der Gemeinschaft der Gemeinde für das behebbare Leid Heilung suchen, es auch als Prüfung und Stärkung der Abwehrkräfte gegen die Anfechtungen des Bösen annehmen und es bekämpfen. Das "Glück" der Heilung widerfährt ihm als Wohltat Gottes zu gesegnetem Leben in Dank und Freude und zum Zeichen des Lebens im Sog der Auferstehung dessen, der sagt: "Ich lebe und ihr sollt auch leben" (Joh 14, 19) und dem das Osterlachen erlöster Freiheit und das Lächeln gewisser Zuversicht antwortet.
Im unheilbaren Elend - besonders in der angefochtenen Nachfolge unter dem Kreuz - darf sich der vor Gott Leidende an sich selbst, an seiner Zeit und an Gott, trösten durch die Gemeinschaft mit dem leidenden Christus und seiner Sympathie vergewissern durch den heiligen Geist. Er darf die Warum-Fragen seines Nicht-Verstehens, seine Klagen und Anfechtungen wie der ohnmächtige und schwache Jesus vor Gott den Vater bringen, herzandringend im Ruf aus der Tiefe aufschreien oder, selbst verstummt, sich durch das Seufzen des heiligen Gistes vertreten lassen. Er darf sich weiter die Kraft schenken lassen, das unheilbare Leid anzunehmen und im Trost des Glaubens und der Hoffnung gelingendes und erfülltes Leben auch jetzt im Leiden zu erfahren: ein *Zeugnis der Glaubensgewißheit*, die zwischen *Letztem und Vorletztem* zu unterscheiden weiß und Segen erfährt durch das Heil Jesu Christi als zeitliche Gnadengaben im Sog der ewigen Seligkeit, wo "Gott ist alles in allem" (1. Kor 15, 28). Diese eschatologische Dimension der "Glücks"- und "Leid"erfahrung entbirgt dabei weniger die Antwort auf die Sinnfrage; sie erweist sich im Zu-kommen des "Gottes alles Trostes" als Eröffnung gelingenden Lebens im Sog des ewigen Lebens.
Der *Widerspruch* zu Jesus Christus konstituiert sich in der Selbstverschließung gegen den guten Willen Gottes und in der Gemeinschaftslosigkeit mit Gott, eben im Unglauben. Auch Christen leben unter den Bedingungen dieser noch der Sünde und dem Tod unterstellten Welt als "Gerechtfertigte und Sünder zugleich" in der Spannung und Bewegung von Entsprechung und Widerspruch zu Jesus Christus, in dem sich das Evangelium offenbar macht. Die Selbstverschlossenheit der eigenen "Glücks"- und "Leid"erfahrungen gegen Gott, den anderen und die Mitwelt blendet die Beziehung der "Glücks"fälle, der "Glücks"güter und des "Glück"lichseins auf das Heil in Jesus Christus hin aus, ebenso die eschatologische Orientierung auf Gottes Zukunft in Gericht und Gnade durch den heiligen Geist. Der Dank für das Widerfahrnis der "Glücks"gaben und die Freude über die Aufgaben miteinander zu teilenden Segens *pervertiert* - durch die um sich kreisende *Selbstbzogenheit* - zu egoistischer "Glücks"ideologie, zu hedonistischer Lustmaximierung des

“Glück”habens oder zu selbstischer “Glücks”produkion auch auf Kosten der anderen und der Mitwelt. “Leid”erfahrung steht dann in konträrem Gegensatz zur “Glücks”erfahrung, eben zum Widerfahrnis der segensreichen Wohltaten Gottes als Zeichen des Heils in Jesus Christus.
“Leid”erfahrungen in der Gemeinschaftslosigkeit mit Gott, mit den anderen und der Mitwelt läßt durch das Kreisen in und um sich selbst ins schwarze Loch der “Leid”verfallenheit versinken oder im Labyrinth der Dunkelheit verirren. Ausgeblendet ist die Beziehung zum “leidenden Menschen” Jesus, unserm erstgeborenen Bruder, und zum gekreuzigten Christus, Gottes eingeborenen Sohn, wie auch zu den Leiden und Lasten der anderen und zum ängstlichen Harren der Mitkreatur auf die Erlösung. Das Gefängnis dieser Leidwirklichkeit durch die Verknüpfung von *Heimsuchungen*, *Leidlasten und Leiden* droht auch die Widerstandskraft gegen das “Leid” den Atem zu rauben, sich der heilenden Hilfen und der tröstenden Worte von Nächsten zu verweigern; die berechtigte Klage gegen Gott droht in hoffnungsloses Jammern zu verkehren; das Trostwort des “Gottes alles Trostes”, der in der Auferstehung Jesu Chisti die Hoffnung im “Vorletzten” und die letzte Hoffnung gegeben und verheißen hat, erreicht das Herz dessen, dem “um Trost sehr bange” ist (Jes 38, 17), nicht mehr; das verschuldete oder geschickte Leid wird in der Leidverfallenheit als Aufgabe gelingenden und geglückten Lebens nicht wahrgenommen.

“Glück und Leid” in ihren Konkretionen und in ihrer Gegensätzlichkeit wird somit als unter dem schicksalhaften *Gesetz* erfahren. Das *Evangelium* zieht die Grunderfahrungen von “Glück und Leid” - in ihrer Eigenständigkeit und Verknüpfung - durch den Glauben, der ins Leben greift und das Leben umgreift, hinein in die *Christuswirklichkeit,* es stellt den Gesegneten und den Leidenden in die Beziehung zu Jesus Christus, dem “glücklichsten” und dem “leidenden” Menschen; in ihm, unserem erstgeborenen Bruder, Gottes eingeborenen Sohn, nimmt der heilige Geist die Glaubenden in die Lebensgemeinschaft mit dem dreieinen Gott auf die “letzte” Vollendung hin durch Gericht und Gnade. So nimmt Gott der Vater in der Selbstentäußerung im Leiden Jesu Christi am Kreuz durch den heiligen Geist teil am Leiden der Menschen und Kreaturen; Gott “wird ohnmächtig und schwach”[64] und gerade so schenkt er die Versöhnung und Erlösung, wie die Auferstehung Jesu Christi offenbart: das Heil im ein für allemal geltenden Leiden Jesu Christi am Kreuz. Und gerade so hilft er.
In der Glaubens- und Geistgmeinschaft mit Jesus Christus verweist das unter den Bedingungen von Sünde und Tod erfahrene “Glück und Leid” zeichenhaft auf das Heil im “Vorletzten” und “Letzten”. Dank und Freude über das gesegnete Wohlergehen und Wohltun, Zuversicht, Gewißheit und Trost für gelingendes Leben auch bei unheilbarem Leid, Widerspruch und Widerstand gegen heilbares Leid in der Nachfolge Christi schenkt der heilige Geist den Glaubenden, die mit der Gemeinde in der Welt Liebe und Hoffnung leben.

64 D. Bonhoeffer, Widerstand und Ergebung, 191

Somit verknüpft sich beim Thema "Glück und Leid" der *christologische* mit dem *anthropologischen, soteriologischen und eschatologischen*; im *triniarischen* Begründungszusammenhang sind der versöhnungs-erlösungstheologische, der *segens-* und *leidenstheologische* sowie der *pneumatologische* Aspekt mit dem *paränetischen* verbunden, wenn über "Glück und Segen", "Segen und Kreuz", "Segen und Leid", "Segen, Leid und Heil" theologisch nachgedacht wird.

Grenze und Mitte.

Systematisch-theologische Überlegungen zu D. Bonhoeffers Bedeutung für die Pastoraltheologie

Einleitung

Grenzerfahrungen nach Grenzüberschreitungen und der Verlust der Mitte nach Vermittlungsbemühungen kennzeichnen heute die geistige Situation der westlichen Menschen. Nicht zuletzt haben in einer interdependenten Welt die Rückwirkungen aus anderen Regionen unseres Globus das Lebensgefühl verstärkt, das sich im wissenschaftlichen Bereich nach dem "Fall R. Oppenheimer" auch in anderen Spezialbereichen durchzusetzen beginnt. Das Thema "Grenze und Mitte" hat von daher eine besondere Evidenz. Der Versuch soll gemacht werden, es von D. Bonhoeffers systematisch-theologischem Denken her im Blick auf die Pastoraltheologie zu entfalten. Verglichen mit der Rezeption anderer Aspekte Bonhoefferscher Theologie auch in Übersee scheint mir seine Pastoraltheologie weniger Beachtung gefunden zu haben. Diese behutsame Feststellung gilt auch für das wichtige und dankbar aufgenommene Werk des Bonhoeffer-Freundes E. Bethge. In einer Zeit wachsenden Interesses für pastoraltheologische Fragen auch in der wissenschaftlichen Diskussion, denkt man an die Auswirkungen des II. Vatikanischen Konzils, das sich ja als postorales Konzil verstand, etwa in dem "Handbuch der Pastoraltheologie", mitherausgegeben von K. Rahner[1] oder in der "Gemeinsamen Synode der Bistümer in der Bundesrepublik" 1975 in Würzburg[2], aber auch an die verstärkte Hinwendung zu pastoralen Themen im evangelischen Bereich[3], so erscheint mir der Versuch nicht unwichtig.

Die methodischen Voraussetzung dieser Überlegungen ist es nun, dass systematisch-theologische Aussagen das Fundament für pastoraltheologische Erwägungen bieten. Das war in der theologia iustificationis des Apostel Paulus der Fall, das galt für Augstins theologia caritatis und für Luthers theologia crucis. Doch reicht der theologiegeschichtliche Hinweis für die Begründung dieser Hypothese kaum aus. Hat doch die systematische Theologie in je neuen Entscheidungsfindungen die Wahrheit des christlichen Glaubens zu verantworten hin auf die pastoraltheogischen Entscheidungen mit ihrer Konkretion im gemeindlichen und kirchlichen Leben innerhalb der Weltsituation heute. Die genannte methodische Voraussetzung ist soweit zu verifizieren und im Blick auf heutige Entscheidungssituationen zu

1 Handbuch der Pastoraltheologie, hrsg. Fr. X. Arnold, K. Rahner, V. Schurr, L. M. Weber, Freiburg 1964ff

2 Gemeinsame Synode der Bistümer in der Bundesrepublik Deutschland, hrsg. L. Bertsch, Ph. Boonen, R. Hammerschmidt u. a., Freiburg 1976[2]

3 G. Rau, Pastoraltheologie, München 1970

bedenken.

I. "Grenze und Mitte" in D. Bonhoeffers systematisch-theologischem Denken.

Die Metaphern "Grenze und Mitte" ziehen sich durch das gesamte systematisch-theologische Werk Bonhoeffers. Dabei verbinden sich mit den verschiedenen Entscheidungssituationen auch verschiedene Akzentsetzungen. So steht in der frühen Phase das Bedenken der "Grenze" im Vordergrund, bedingt durch die Auseinandersetzung mit der Philosophie, vor allem mit der Transzendentalphilosophie Kants, mit der idealistischen Philosophie Hegels und mit der Ontologie des Neuthomismus. Die mittlere Phase ist geprägt durch das paradoxale Verhältnis von "Grenze und Mitte" auf dem Hintergrund von Bonhoeffers Ablehnung einer antitrinitarischen Ideologie, die die Wahrheitsfrag ausklammert. Die späte Phase wendet sich in fragmentarischen Andeutungen der "Mitte" zu, und zwar der Mitte des "Vorletzten" im Unterschied zum "Letzten"; eine Partialisierung des christlichen Glaubens und das sog. Mündigsein der säkularen Welt forderten solch eine Akzentsetzung heraus. Bei dieser geschichtlichen Differenzierung soll es nicht um die Beschreibung einer theologischen Entwicklung gehen - E. Feil hat in seinem Buch "Die Theologie Dietrich Bonhoeffers"[4] hierzu Wichtiges geleistet - ; die Frage nach den theologischen Entscheidungskriterien steht vielmehr im Zentrum.

1. Die Grenze

"Grenze" bedeutet beim Bonhoeffer der frühen Phase die Begrenzung des Menschen. Der Mensch wird von außen begrenzt und in seine Grenzen gewiesen; darum vermag er die Grenze nicht auf seine eigenen Seins- und Erkenntnismöglichkeiten hin zu überschreiten, wie das etwa in der Identitätsphilosophie des Idealismus beansprucht wird[5]. Die Grenze erweist sich auch nicht als bloßes Noumenon Kants oder als transzendentale Bedingung der Möglichkeit oder als transzendentes Sein ontologischer Kategorien. Als Grenze bekennt Bonhoeffer die Wirklichkeit Gottes. Das Geheimnis des dreieinen Gottes setzt im christlichen Glauben die Grenze und überwindet die Grenze in der Offenbarung als Geheimnis der Verborgenheit. Gott offenbart - in den personalen Denkformen E. Griesebachs gesprochen - sein Ich hinter dem Du im Kreuz Jesu Christi, in der Liebes- und Versöhnungstat für die Sünder, die in eigenmächtiger Grenzüberschreitung die Möglichkeiten zur eigenen Wirklichkeit zu machen trachten und dadurch unter Gottes Grenzen setzendem Gericht stehen.

Fragt man nach Bonhoeffers theologischen Entscheidungskriterien in der frühen Phase, so lassen sich folgende drei erheben:

a) Grenze wird nicht formal verstanden. Bonhoeffer führt das Gespräch mit der Philosophie von der "Sache der Theologie" her und diese wird bekannt als die

4 E. Feil, Die Theologie Dietrich Bonhoeffers, München 1971²

5 D. Bonhoeffer, Akt und Sein, München 1964 ³, 15ff, 22ff

Offenbarung des dreieinen Gottes[6] im Kreuz Christi trotz des Geheimnisses seiner Verborgenheit. Das Kreuz Christi wird damit zum Real- und Erkenntnisgrund dieser kreuzestheologischen Trinitäts- und Deszendenztheologie.
Im innertheologischen Gespräch unterscheidet sich Bonhoeffers Verständnis von Grenze einmal von K.Barths aktuosem Verstehen der Offenbarung Gottes als Geheimnis seiner Verborgenheit[7] und zum andern von P. Tillichs philosophisch-theologischem Verstehen der Grenze als korrelativer Wechselbeziehung von Offenbarung und Verborgenheit des Unbedingten im Bedingten, wobei das Bedingte Moment des Unbedingten ist[8].
b) Grenze wird nicht neutral verstanden. Der Mensch, der die Begrenzung des Grenzen setzenden Gottes der Offenbarung erfährt, ist der Sünder. Sünde erweist sich als pervertiertes Verhältnis des Menschen zu Gott und folglich auch zum Mitmenschen und zur Umwelt.
c) Grenze wird nicht als Ermöglichung eigener Selbstverwirklichung des Menschen angesehen. Allein die Liebe der dreieienen Gottes durchbricht die Begrenzung göttlichen Gerichts.

2. Die Grenze als Mitte

“Grenze ist Mitte”, kann Bonhoeffer in “Schöpfung und Fall”[9] aus der zweiten Phase sagen, d. h. Grenze wird zur Mitte umgewandelt. Es handelt sich um metaphorische Rede, sie ist zu erklären. Um der deutlicheren Darstellung willen soll das unter versöhnungstheologischem, leidenstheologischem und parakletischem Gesichtspunkt geschehen.

2.1. Versöhnungstheologischer Gesichtspunkt

Der Sünder - und das ist für Bonhoeffer die reale Situation des Menschen vor Gott - erweist sich als der grenzenlose Mensch, den Gott in die Grenzen seines selbstverkrümmten Ichs weist; der Sünder erweist sich als Mensch der verlorenen Mitte, der sich eigenmächtig in die Mitte stellt, ständig um sich selbst kreisend. Die Grenze gestaltet sich damit als eine verlorene Mitte, es ist eine Grenze als verlorene Mitte. Es ist eine Grenze, die auch nur von einer neuen Mitte her erkannt wird, und diese eröffnet allein die Offenbarung der Liebe des dreieinen Gottes in Jesus Christus. In der stellvertretenden Versöhnungstat tritt er an die Stelle jener Grenze zwischen altem und neuem Menschen als die neue Mitte, die vermittelnde Mitte zwischen Ich und Ich, Ich und Gott, Ich und Du und Umwelt. “So ist Christus zugleich meine eigene Grenze und meine eigene Mitte”, heißt es in der Christologievorlesung folglich[10]. Zugeeignet wird die Grenze als diese Mitte im Mittler Christus durch die Predigt des Wortes Gottes als Gesetz und Evangelium.

6 Ders., Sanctorum communio, München 1960³, 31ff, ferner: ders., Die Frage nach dem Menschen, in: GS III, 62ff; vgl. auch. GS IV, 489f; GS V, 520
7 K. Barth, Kirchliche Dogmatik II 1, 205ff
8 P. Tillich, Die Idee der Offenbarung, GW VIII, 31ff; ders., Auf der Grenze, Stuttgart 1962, 13ff
9 D. Bonhoeffer, Schöpfung und Fall, München 1958⁴, 63
10 Ders., Christologie, GS III, 195

2.2. Leidenstheologischer Gesichtspunkt

Betont Bonhoeffer so das "solus Christus","sola gratia", "sola fide" gegen die ideologische Selbstlegitimierung des Menschen seiner Zeit, so hebt er in der Leidenstheologie gegen alle Selbstverherrlichung des Menschen einer theologia gloriae das Kreuztragen in der Nachfolge um Christi willen und in der Gemeinschaft mit der seufzenden Kreatur hervor[11]. Die Glaubenden haben Anteil an Christi Anfechtungen, Verlassenheit und Leiden und sind im Blick auf Christi Kreuz gewiß, dass der dreieine Gott sie und die seufzende Schöpfung nicht allein läßt. Trotz der Eigenmächtigkeit der Geschöpfe überläßt Gott diese nicht sich selbst. In duldender und mitleidender Geduld ist Gott verborgen auch in passionibus, wie Luther in der Heidelberger Disputation sagt. Die Grenze dieser Verborgenheit ist die Mitte seiner Liebe im Kreuz Christi, so dass den Glaubenden letztlich nichts trennen kann "von der Liebe Gottes, die in Jesus Christus erschienen ist" (Röm 8, 39).

2.3. Parakletischer Gesichtspunkt

Schließlich verknüpft Bonhoeffer gegen irrige Vorstellungen von einer "billigen Gnade" und einem bequemen Glauben den versöhnungstheologischen mit dem parakletischen Gesichtspunkt; seine theologischen Überlegungen drängen zur ethischen Entscheidung[12]. Christus, der Mittler, entreißt den Sünder seiner sebstverursachten Einsamkeit als homo incurvatus und konstituiert in der Rechtfertigung die neue Gemeinschaft des Glaubenden mit Gott und untereinander als Liebesgemeinschaft. Der Mittler vermittelt das personale Verhältnis als Miteinander und Füreinander, so daß die Grenze des anderen Du nun nicht mehr der Spiegel des Zornes Gottes ist, wie Bonhoeffer sagt[13], sondern der Hinweis auf die konkrete Liebestat für den anderen im Dasein-für-ihn. Das Füreinander erweist sich in der gegenseitigen Sündenvergebung, weiter in der Fürbitte und in der Tat für den anderen in Gemeinde, Familie, Beruf und Staat.

Untersucht man für diese zweite Phase wieder Bonhoeffers theologische Entscheidungskriterien, so lassen sich folgende drei erheben:

a) Bei der Metapher "Grenze und Mitte" handelt es sich nicht um ein statisches Denkmodell wie etwa die geometrische Figur von Kreis und Mitte; es handelt sich vielmehr um ein Geschehen, um Gottes versöhnendes Handeln am Sünder in dem Mittler Jesus Christus.

b) Das Verhältnis von Grenze und Mitte repräsentiert die Zuordnung von Gesetz und Evangelium in dem einen Wort Gottes. Bonhoeffer wußte um Gottes Gerichtswort als Ruf zur Umkehr und auch als "Geruch aus Tod zum Tod", wie Paulus in 2. Kor 2, 15f sagt; im eigentlichen aber geht es ihm um das Gnadenwort des Evangeliums.

c)Somit wird "Grenze und Mitte" in der Schlüsselgewalt des Wortes Gottes

11 Ders., Nachfolge, München 1971[10], 61ff

12 Ebd., 13ff

13 Ders., Schöpfung und Fall, 99

konzentriert[14], in dem Christus gegenwärtig durch den heiligen Geist wirkt. Christus ist demnach als Grenze des alten Menschen und Mitte des neuen in der Bewegung simul peccator et iustus der Grund der Rechtfertigung gegen alle Selbstrechtfertigung; er ist das Leben, indem er das neue Leben schenkt gegen die Macht des Todes; er ist die Wahrheit, die sich bewahrheitet gegen Irrtum und Unwahrheit. Der sich bewahrheitenden Wahrheit entspricht das antwortende Bekenntnis der Glaubenden, das bei je neuen Entscheidungen im status confessionis Jesus, den Christus, bekennt. Im Akt des Bekennens grenzen sich dabei die Glaubenden nicht selbst ab, vielmehr sind es Begrenzungen durch den lebendigen Christus von außen, von dem sich Unglaube und Irrtum eigenmächtig trennt.

3. Mitte als Grenze

In den fragmentarischen Äußerungen der späten Phase will Bonhoeffer weniger diese sog. '"letzten" Bezüge des Menschen zu Gott, als vielmehr die vorletzten Bereiche säkularen Lebens in die Mitte des theologischen Blickwinkels fassen. Die Metapher "Mitte" bedeutet jetzt das Gut und die Kraft menschlichen Geschöpfseins, d.h. vor allem die natürliche Vernunft und die Fülle und Mehrdimensionalität diesseitiger Weltverhältnisse[15]. Auch in dieser so verstandenen Mitte vorletzter Lebensbezüge ist Gott verborgen da, "mitten im Leben jenseitig"[16]. Sich seiner Macht entäußernd, ohne sich zu verlieren, hat Gott den Menschen, sein Geschöpf, in die Mündigkeit hineingestellt; es handelt sich um eine Freiheit, die die Möglichkeit der eigenmächtigen Überhebung gegen Gott einschließt. Und so hat das Geschöpf sich über den Schöpfer sicut deus alius erhöht. Trotz dieser Verkehrung überläßt Gott die "autonome" Schöpfung und den "mündigen" Menschen aber nicht sich allein. Gegen flache Diesseitigkeit und gegen einen verabsolutierten Autonomieanspruch bekennt Bonhoeffer Gottes verborgenes Erhalten, Mitsein und Begleiten. Mitten in den Schwächen, aber gerade auch in den Stärken geschöpflichen Daseins ist Gott da; Gott ist in der "Mitte", wie das AT und NT immer neu bezeugt (Ex 17, 6; Dtn 6, 15; Jer 14, 9; Joel 2, 27; Lk 17, 21; Joh 20, 19, 26; Lk 24, 36).

Mit dieser Einsicht von der "Mitte" als Fülle diesseitiger Lebensbezüge lehnt Bonhoeffer zugleich jede Partialisierung göttlichen Wirkens im "Vorletzten" ab[17], zu einer Divinisierung und Ideologisierung solcher ausgesparter Bereiche würde das führen. Von den Aussagen über die letzten Bezüge zu Gott werden diese Gedanken entfaltet. Vom "Letzten" her wird auch das "Vorletzte" in seiner Zerrissenheit und Spannung zwischen eigenmächtiger Selbstverabsolutierung und gehaltener Geschöpflichkeit deutlich: vom "Letzten" her, das als Geheimnis des eschatologischen Heilshandelns des dreieinen Gottes in der Abgrenzung und Diskretheit christlichen Arkanums bekannt wird in der säkularen Welt[18].

14 Ders., Nachfolge, 263ff; ferner: Sätze über Schlüsselgewalt und Gemeindezucht im NT, GS III, 369ff

15 Ders., Widerstand und Ergebung, Briefe vom 30. 4. 1944; 25. 5. 1944; 27. 6. 1944; 30. 6. 1944; 8. 7. 1944; 16.7 . 1944; 18. 7. 1944; 21. 7. 1944; ferner: ders., Ethik, 75ff

16 Ebd., Brief vom 30. 4. 1944

17 Ebd., Brief vom 8. 6., 18, 7 und 21. 7. 1944

18 Ebd., Brief vom 30. 4. und 5. 5. 1944

Fragt man auch für die späte Phase wieder nach den Entscheidungskriterien, so kristallisieren sich folgende drei heraus:
a) "Mitte und Grenze" sind keine formalen Kategorien. Sie bezeichnen die verborgene Gegenwart des dreieinen Gottes in der Welt, d. h. zum einen die Gegenwart Christi durch den heiligen Geist in der Gemeinde als dem Anfang und die Vorausnahme der neuen Schöpfung und zum anderen die verborgene Gegenwart Gottes in den zwischen Eigenmächtigkeit und Geschöpflichkeit zerrissenen säkularen Weltbezügen.
b) Real- und Erkenntnisgrund für Gottes verborgene Gegenwart mitten in der diesseitigen Welt ist allein das Kreuz Christi. Hier schenkt Gott in selbstentäußernder Liebe bis zur Ohnmacht des Kreuzes die Erlösung von der Macht der Sünde und des Todes und nimmt zugleich innerlich mitleidend teil am Geschick seiner zerrissenen und geplagten Schöpfung, unserer in die Mündigkeit gestellten Welt, und bleibt zugleich er selbst: der dreieine Gott.
c) Mit der Begrenzung des "Vorletzten" durch das "Letzte", zu dem sich in Arkandisziplin die christliche Gemeinde in der säkularen Welt bekennt, wird grenzzeitlich auf die letzte Vollendung bei Gott durch Gericht und Gnade hingewiesen.

Vergleicht man nun die Entscheidungskriterien in den einzelnen Phasen Bonhoeffers, so fallen die Entsprechungen unmittelbar ins Auge; bei den verschiedenen Akzentsetzungen, verschiedenen Situationen und Gegenpositionen lassen sich damit drei durchgehende Grundgedanken aufzeigen:
a) Die erste theologische Grundlinie spricht von der Offenbarung des Geheimnisses des dreieinen Gottes in der Ohnmacht des Kreuzes Christi zur Erlösung und Befreiung der Sünder. Der Real- und Erkenntnisgrund von Bonhoeffers kreuzestheologischer Trinitäts- und Deszendenztheologie ist in Christi Leiden und Sterben am Kreuz als stellvertretender Versöhnungstat gegeben. Hier, verborgen unter dem Gegenteil, bewahrheitet sich das Herrengeheimnis der Wahrheit als die Liebe gegen Sünde, Unglaube und Unwahrheit.
b) Die Zusage der Erlösung und Befreiung des Sünders geschieht jeweils durch die Predigt von Gesetz und Evangelium. Hier ereignet sich die Rechtfertigung und Erneuerung in Jesus Christus allein aus Gnade im Glauben gegen alle Selbstrechtfertigung.
c) Gottes Wort schafft damit durch den heiligen Geist Gemeinde und Kirche Jesu Christi vom "Letzten" her und auf das "Letzte" hin als Christuswirklichkeit, institutionell verfaßt inmitten der Welt. Von hier wird der Bereich der Welt in seiner Zerrissenheit zwischen eigenmächtiger Selbstverabsolutierung und verborgen gehaltener Geschöpflichkeit erkannt, begrenzt und auf die endgültige Vollendung der neuen Schöpfung verwiesen.

II. “Grenze und Mitte” in D. Bonhoeffers pastraltheologischem Denken

1. Der Pastor

Es stellt sich die weiterführende Frage, ob diese theologischen Kriterien auch in Bonhoeffers Pastoraltheologie für die pastoraltheologischen Entscheidungen fruchtbar gemacht werden. In der Pastoraltheologie geht es um die theologische Verantwortung der pastoralen Dienste in der Gemeinde, d. h. um die Konkretion, das Ein- und Zusammenwachsen der “Sache” des christlichen Glaubens in die Gemeinde der Gegenwart. Pastoraltheologie hat damit teil an der antwortenden und bekennenden Struktur, die sowohl wissenschaftliche Theologie als auch die pastoralen Dienste in der Kirche bestimmt. Dementsprechend sind auch die eigenen pastoralen Dienste Bonhoeffers in allen drei Phasen vom geistlichen Lebensstil getragen, der sich mit Luther als meditatio, oratio und tentatio erweist[19]. Ebenfalls muß man im Blick behalten, dass Bonhoeffer in allen Lebensphasen - bis auf einzelne Unterbrechungen - regelmäßig predigte. Der Predigtdienst vom Vikariat in Barcelona bis zum Vortag seiner Hinrichtung stellte als geistlicher Gestaltungsfaktor die prägende Kraft von Bonhoeffers Leben dar. Pastor war er als Theologe, Christ und Zeitgenosse. Seine Identität gab ihm der christliche Auftrag mit der ja sachbedingten Spannung zwischen wissenschaftlicher Theologie und kirchlichem Leben.

2. Pastoraltheologie

Welches sind nun die *theologischen Grundlinien*, die sich durch Bonhoeffers *pastoraltheologisches Denken* ziehen? Vertieft man sich in die verschiedenen pastoraltheologischen Schriften Bonhoeffers zunächst der ersten beiden Lebensphasen, weil sich in der dritten Veränderungen andeuten, horcht man auf die Schriften zur Kirche[20], auf die Vorlesungen zur Homiletik[21] und Poimenik[22], auf die Katechismusentwürfe[23], die Vorträge zur gemeindlichen Kybernetik[24], auf die geistlichen Ratschläge zur Meditation[25], zum Gebet[26] und zur Aszetik[27], so wird alsbald das eine deutlich: bei dieser weiten Verzweigung pastoraltheologischer Äußerungen geht es im Letzten um eines, *die Verkündigung des Wortes Gottes zum Heil der Sünder.* Der Predigtdienst gestaltet sich damit als Quellgrund, Mitte und Zielbestimmung aller pastoraltheologischen Dienste und Aufgaben, so daß bei

19 D. Bonhoeffer, Gemeinsames Leben, München 1979[13], 31ff; ders., Finkenwalder Homiletik 1935 – 1939, in: GS IV, 255ff; ders., Anleitung zur tägliche Meditation, in: GS II, 478ff

20 Ders., Sanctorum communio; ders., Akt und Sein; ders., Das Wesen der Kirche (1932), in: GS V, 275ff; ders., Was ist Kirche?, in: GS III, 286ff; u. a.

21 Ders., Finkenwalder Homiletik, in: GS IV, 237ff

22 Ders., Seelsorge. Finkenwalde 1935 - 1939, in: GS V, 363ff

23 Ders., Glaubst du, so hast du. Versuch eines Lutherischen Katechismus, in: GS III, 248ff; ders., Konfirmanden-Unterrichtsplan. Zweiter Katechismus-Versuch, in: GS III, 335ff

24 Ders., Sätze über Schlüsselgewalt und Gemeindezucht im Neuen Testament, in: GS III, 369ff; ders., Irrlehre in der Bekennenden Kirche, in: GS II, 264ff

25 Ders., Anleitung zur täglichen Meditation, in: GS II, 478ff; ders., Gemeinsames Leben, 69ff

26 Ders., Gebetbuch der Bibel, in: GS IV, 544ff; ders., Gemeinsames Leben, 39ff, 73ff

27 Ders., Gemeinsames Leben

Bonhoeffer selbst pastorales Leben und pastoraltheologisches Lehren sich entsprechen.

Diese einfache, durch ihre Elementarität überzeugende Feststellung soll entfaltet werden.

In der Finkenwalder Homiletik erklärt Bonhoeffer: "Das Predigtwort ist der inkarnierte Christus selbst", die "Eigenbewegung des Wortes, des Logos, zur Gemeinde hin"[28], verborgen unter menschlichen Wörtern. Christus ist die Mitte der Predigt, wie er die Mitte der Schriften des biblischen Kanons abgibt und auf diese Mitte hat jeder Predigttext Bezug, wenn die Predigt auch nur einen "Sektor aus dem Kreis"[29] um diese Mitte darstellen kann. Wie aber Christus an die Stelle der Grenze zwischen altem und neuem Menschen als die neue Mitte tritt, so daß der Glaubende nun aus dieser Mitte vor Gott lebt, so wirkt der Logos in der Predigt, wobei das begrenzende Wort des Gerichtes Gottes zur Umkehr ruft und das annehmende und versöhnende Evangelium die befreiende und erneuernde Gnade schenkt[30]. Die Predigt trifft ja als konkretes Wort in eine Situation, wobei Christus selbst das concretissimum sein will[31]. Damit aber wird Christus auch zur Grenze gegenüber selbstmächtiger hermeneutischer und homiletischer Methodik[32], dem "eigenen Wollen" des Predigers[33] und gegenüber fremdbestimmender "Volks- und Gegenwartsnähe"[34].

Die Seelsorge wird von D. Bonhoeffer der Verkündigung zugeordnet; denn „Seelsorge ist Verkündigung an den einzelnen", heißt es in der Seelsorgevorlesung[35]. So bleibt die seelsorgerische Diakonie als Hilfe und Beratung in den alltäglichen Sorgen und Nöten auf die seelsorgerische Verkündigung von Gottes Gericht und Gnade bezogen als dem „Letzten", also auf die Rechtfertigung des Sünders[36]. In der Seelsorge gibt es nun für Bonhoeffer keinen unmittelbaren Weg zum andern Menschen. „Keine Psychologie hilft mir, den Weg zur Seele des andern zu finden. Der Grund liegt in der Mittlerschaft Christi. Zwischen mir und Gott, mir und meinem Bruder steht der Mittler Christus"[37].

Christus ist die „Mitte" zwischen dem Pastor und dem Pastoranden in der Seelsorge; nur so wird die vom Hören auf das Wort Gottes und vom Gebet begleitete geistliche Gemeinschaft geschenkt. Christus wird damit aber ebenfalls zur „Grenze" gegen jede Form seelischer Gemeinschaft, die ihren Zweck in sich selbst trägt[38] und ferner gegen die „unkeusche Art des Ausfragens"[39] und die Methodisierung der Psychotechniken,

28 Ders., Finkenwalder Homiletik, in: GS IV, 240f
29 Ebd., 259
30 Ebd., 243, 288; ferner ders., Sätze über Schlüsselgewalt, in: GS III, 369ff
31 Ders., Vergegenwärtigung der neutestamentlichen Texte, in: GS III, 307
32 Ebd., 320
33 D. Bonhoeffer, Finkenwalder Homiletik, in: GS IV 251
34 Ebd., 252
35 Ders., Seelsorge, in: GS V, 364
36 Ebd., 378
37 Ebd., 379; ferner: ders., Gemeinsames Leben, 27
38 D. Bonhoeffer, Gemeinsames Leben, 26
39 Ders., Seelsorge, in: GS V, 371

die das Du des Anderen zum Objekt machen[40]. Bei dieser personalen Beziehung durch den Mittler Christus geht es in der Seelsorge im Letzten um die Rechtfertigung des Sünders. Das bedeutet aber, daß bei Bonhoeffer - wie auch bei Luther - die Beichte zum „Herz der Seelsorge“[41] wird, also das Sündenbekenntnis und die Sündenvergebung, confessio und absolutio, in der Diskretheit und Begrenztheit gemeindlicher Arkandisziplin. Und weil die Beichte neben der Absolution auch die mögliche Retention als letzter Umkehrruf miteinschließt, ist sie für Bonhoeffer zusammen mit der Predigt der Ort der Schlüsselgewalt des Wortes Gottes. Und folglich erkennt Bonhoeffer auch das Wort Gottes als eigentliches Subjekt der Kirchenzucht und Lehrbeanstandung im Streit zwischen Glaube und Unglaube, Wahrheit und Unwahrheit[42].
Als Antwort auf das Wort Gottes an den konkreten Menschen hat entsprechend das Gebet als Zentrum der Aszetik, das christliche Tun als Zentrum der Diakonik und Ethik, das Warten auf die Zeit Gottes jetzt und in Ewigkeit mit dem Zentrum in der Liturgie den tiefsten Grund im responsorischen Bekenntnis zur Wahrheit, die sich in Jesus Christus bewahrheitet hat und je neu bewahrheitet[43].
Zunächst antwortet der Glaubende auf die Anrede Gottes im Gebet zu Gott als Reden mit Gott. Doch bleibt dieses Gebet „vermitteltes Gebet“, vermittelt durch Christus, den Mittler[44], womit Bonhoeffer die intercessio-Vorstellung des Alten und Neuen Testaments aufnimmt[45]. Wie Christus die Mitte des Psalters einnimmt, so ist er die Mitte und der Mittler jeden Gebetes[46]. Als diese Mitte wird Christus zugleich die Grenze des eigenmächtigen Willens des Beters, weil die Erhörung der Gebete doch in Gottes freiem Willen die Mitte und die Grenze findet. „Wo Jesu Wille allein in mir herrscht und all mein eigener Wille in seinen hingegeben ist, in der Gemeinschaft Jesu, in der Nachfolge, stirbt mein Wille. Dann kann ich beten, daß der Wille dessen geschehe, der weiß, was ich bedarf, ehe ich bete“[47].
Auch die Tat christlicher Verantwortung ist Antwort auf Gottes Tun. Das Du des anderen setzt - in der Terminologie E. Griesebachs gesprochen - in seiner abgrenzenden Unterschiedenheit von meinem Ich das eigene Ich in die ethische Entscheidung zum Dienst des Nächsten[48]. Indem Christus in die Mitte zwischen das eigene Ich und das Du des Andern tritt, verbindet er, die Grenze überwindend, beide in tätiger Liebe[49]. Die Grenze hat diese tätige Liebe des Glaubenden in der Liebe Gottes, die letztlich der Grund und auch die Mitte der dienenden Tat der Liebe in ethischer Entscheidung darstellt.
Schließlich gestaltet sich das Warten auf die Zeit Gottes jetzt und in der Ewigkeit

40 Ebd., 370; ferner: ders., Gemeinsames Leben, 23
41 Ders., Seelsorge, in: GS V, 369ff; ferner: ders., Gemeinsames Leben, 95ff
42 Ders., Sätze über Schlüsselgewalt, in: GS III, 369ff
43 Vgl. das Betheler Bekenntnis, in: GS II, 90ff; ders., Zur Frage nach der Kirchengemeinschaft, in: GS II, 217ff, Unser Weg nach dem Zeugnis der Schrift, in: GS II 320ff, Bekennende Kirche und Ökumene, in: GS I, 240ff
44 Ders., Christus in den Psalmen, n: GS III, 296
45 Vgl. u. a. Ex 32, 31ff; Dtn 5, 23ff; Joh 17, 15ff
46 D. Bonhoeffer, Gemeinsames Leben, 36; ferner: ders., Nachfolge, 138
47 Ders., Nachfolge, 139; vgl. auch: A. Altenähr, Dietrich Bonhoeffer – Lehrer des Gebets, Würzburg 1976, 89ff
48 Ders., Sanctorum communio, 30, 127
49 Ebd., 139

auch als Antwort auf die Tat Gottes in Jesus Christus an den Glaubenden. Geschöpfliche Zeit wird begrenzt durch die Macht der Sünde und des Todes; sie ist zeitbegrenzt, begrenzt letztlich durch die Zeit Gottes. Geschöpfliche Zeit ist darum zu strukturieren von der Zeit Gottes her[50] und verantwortlich zu gebrauchen im Blick auf die Zeit Gottes durch Gericht und Gnade[51]. Im Wissen um die Vorläufigkeit und Begrenztheit ist sie für den Glaubenden dennoch qualifiziert durch die Hoffnung auf die endgültige Vollendung bei Gott. Zugleich aber gestaltet sich diese begrenzte Zeit als grenzzeitliche; denn Christus durchbrach die Grenzen und wurde die erneuernde und vermittelnde Mitte geschöpflicher Zeit. In der christlichen Gemeinde als „Christus als Gemeinde existierende"[52] ist die Zeit Gottes schon angebrochen und wird sich einst vollenden: im Gottesdienst der versammelten Gemeinde, in den Gnadengaben der Taufe, des Abendmahls sowie im Zuspruch der Absolution bricht sie ein in die begrenzte Zeit als Vorausnahme der Zeit Gottes. Denn hier wird das Heil in Jesus Christus schon jetzt geschenkt, indem der Glaubende vom endzeitlichen Gericht durch Gottes Gnade erlöst wird, und als „Gerechter und Sünder zugleich" grenzzeitlich noch auf die endgültige Vollendung der Zeit Gottes durch Gericht und Gnade wartet. So ist der lebendige Christus die begrenzende Grenze und die vermittelnde Mitte allen geistlichen Geschehens und allen pastoralen Handelns in der Gemeinde für Bonhoeffer.

Drei theologische Grundlinien der Pastoraltheologie der ersten beiden Phasen kristallisieren sich meines Erachtens heraus:
a) Pastoraltheologie verantwortet die Schlüsselgewalt des Wortes Gottes und das Bekenntnis zum Herrengeheimnis der Wahrheit.
b) Die Wahrheit, die sich in der Verkündigung des Wortes Gottes bezeugt, ist die Offenbarung des Geheimnisses des dreieinen Gottes in Christi stellvertretender Versöhnungstat.
Von hier aus bekennt und erkennt der Glaubende, daß Gott in herabneigender Selbstentäußerung teilnimmt am Geschick seiner Geschöpfe und seiner Schöpfung; gerade in passionibus, im Leiden, läßt Gott sie nicht allein. „Das Gesetz der Welt heißt Kreuz", sagt Bonhoeffer in der Seelsorgevorlesung[53]. Wie aber der dreieine Gott die durch die eigenmächtige Sünde von ehernem Tod und von unsagbarem Leid geknechtete Schöpfung erhält, um ihr die Versöhnung zu schenken, so zielt auch die brüderliche Hilfe, der diakonische Dienst, der helfende Rat, das hörende Gespräch auf den Zuspruch der Versöhnung.
c) In der Anrede des Wortes Gottes in der Predigt und im antwortenden Bekenntnis ereignen sich eschatologische Entscheidungen; in der Predigt des Evangeliums wird Vergebung der Sünden und neues Leben geschenkt; in der Absolution kommt die endzeitliche Gnade zum Menschen (Mt 18, 18); im Bekenntnis zu Jesus, dem Christus, fällt die Entscheidung über das Heil im eschatologischen Gericht (Mt 10,

50 Ders., Gemeinsames Leben, 31ff
51 Ders., Sanctorum communio, 212ff
52 Ebd., 92, 137, 138ff, u. a. 169, 180ff
53 Ders., Seelsorge, in: GS V, 392

32; Lk 2, 8; Mk 8, 38; Lk 9, 26). Der bekennende Glaube aber hat die Liebestat als Frucht; für Bonhoeffer bedeutet das die Verantwortung in den Mandaten[54], der Einsatz für die jüdischen Mitbürger[55], die Ablehnung des Führerprinzips[56], das Ringen um den Frieden[57] und ebenso die Nachfolge unter dem Kreuz[58], das Gebet[59] und das „Warten auf die Zeit Gottes“[60]. Dies sind die theologischen Grundlinien in Bonhoeffers pastoraltheologischen Äußerungen der ersten beiden Phasen.
Nun nimmt Bonhoeffer wohl die Entfaltung seiner Pastoraltheologie im Gespräch und in der Auseinandersetzung mit den anderen Wissenschaften vor. Doch stehen die theologischen Grundgedanken ganz in der Mitte, sodaß Fragen der Methodik, der Technik, der Vermittlung der anderen Wissensbereiche im Dienst der „Sache der Theologie“ kaum adjuvative Bedeutung erhalten[61]. „Grenze und Mitte“ der pastoraltheologischen Entscheidungen ist der Mittler Christus gegen methodischen Pragmatismus und gegen klerikalen Dogmatismus.
Vergleicht man nun diese theologischen Grundlinien von Bonhoeffers Pastoraltheologie der ersten beiden Phasen mit den durchgehenden Entscheidungskriterien seiner systematisch-theologischen Überlegungen, so läßt sich unschwer die Entsprechung feststellen. Es bestätigt sich damit, daß die Pastoraltheologie und die pastoraltheologischen Entscheidungen ihren Grund in den systematisch-theologischen Kriterien haben.

3. Kontinuität und Diskontinuität

Aus der vorangegangenen Feststellung läßt sich nun eine doppelte Folgerung ziehen: Durch die Entsprechung der systematisch-theologischen Entscheidungskriterien aller Phasen Bonhoefferscher Theologie zu den pastoraltheologischen Grundlinien der ersten beiden Phasen - bei der erwähnten Veränderung in den pastoraltheologischen Überlegungen der dritten Phase - darf einerseits auch auf eine theologische Kontinuität in der dritten pastoraltheologischen Phase geschlossen werden. Diese wird in den fragmentarischen Gedanken zur Arkandisziplin in „Widerstand und Ergebung“ angedeutet. Das Arkanum ist der Ort der letzten Beziehung der christlichen Gemeinde zu Gott in den vorletzten Bereichen der säkularen Welt. Hier wird das Geheimnis der Offenbarung des dreieinen Gottes bekannt im gottesdienstlichen Lobopfer der Gemeinde, im Taufbekenntnis und in der Gemeinschaft des eschatologischen Herrenmahls. Auch wird die Arkandisziplin geübt

---

54 Ders., Ethik, München 1958[4], 222ff; ferner: ders., Widerstand und Ergebung, Brief vom 23. 1. 1944

55 Ders., Die Kirche vor der Judenfrage. Vortrag April 1933, in: GS II, 44ff; ders., Der Arierparagraph in der Kirche. Flugblatt. August 1933, in: GS II, 62ff

56 Ders., Wandlungen des Führerbegriffs in der jungen Generation,in: GS II, 19ff; ders., Der Führer und der einzelne in der jungen Generation, in: GS II, 22ff

57 Ders., Christus und der Friede, in: GS V, 359ff; ders., Die Kirche und die Welt der Nationen, in: GS I, 212ff; ders., Kirche und Völkerwelt, in: GS I, 216ff

58 Ders., Nachfolge, 61ff; ders., Widerstand und Ergebung, Brief vom 16. 7. 1944

59 Ders., Gemeinsames Leben, 51ff, 72ff; ders., Widerstand und Ergebung, Gedanken zum Tauftag von D. W. R., Brief vom 10. 8. 1944, 21. 8. 1944

60 Ders., Nachfolge, 254; ders., Widerstand und Ergebung, Gedanken zum Tauftag von D. W. R.; vgl. auch: M. Plathow, Die Mannigfaltigkeit der Wege Gottes, in: Anm. 18a, 122ff

61 Ders., Seelsorge, in: GS V, 370, 372, 375ff; ders., Finkenwalder Homiletik, GS IV, 240ff, 272ff

durch die Schlüsselgewalt des Wortes Gottes in der Kirchenzucht mit dem Zentrum in der Beichte. - Andererseits liegt die Veränderung in den späten pastoraltheologischen Fragmenten im Ernstnehmen der diesseitigen Welt, des mündigen Menschen, der profanen Wissenschaften und der natürlichen Vernunft für die Lebensgestaltung in einer säkularen Welt. Bonhoeffer will als Pastoraltheologe diese Bereiche der natürlichen Vernunft ernstnehmen.
Welches ist von diesen Anliegen Bonhoeffers her die systematisch-theologische Bedeutung pastoraltheologischer Verantwortung heute im Blick auf die theologischen Entscheidungskriterien Bonhoeffers?

III. D. Bonhoeffers Bedeutung für die Pastoraltheologie

1. Die pastoraltheologische Aufgabe

Die Pastoraltheologie bedenkt in theologischer Verantwortung die Orientierungs- und Handlungsprinzipien für die pastoralen Dienste an den Menschen der Gegenwart; ihr Ziel ist die Auferbauung und Erneuerung der Kirche Jesu Christi[62]. Inhaltlich handelt sie von der Stellung des Menschen als Sünder, Gerechtfertigter und Geschöpf vor Gott innerhalb der jeweiligen Lebensbezüge und Lebensbereiche, wie Luthers subiectum theologiae als „Sache" und „Subjekt" der Theologie es ausspricht (WA XL 2, 327, 11ff). So wird die geheimnisvolle Liebe des dreieinen Gottes in der Hingabe Jesu Christi am Kreuz zur Versöhnung, die Rechtfertigung des Sünders und das neue Leben in der Bewegung simul peccator et iustus entfaltet auf die soziokulturelle und psychosoziale Verfaßtheit menschlicher Existenz im Kontext kirchlicher Institution und gesellschaflicher Gegebenheiten. Den Menschen als auf Gemeinschaft angewiesenes Geschöpf, das Menschsein in seiner Leiblichkeit, die Schöpfung in seiner Natürlichkeit nimmt sie mitten hinein in die „Sache der Thologie". Was diese Umfassendheit menschlichen und geschöpflichen Daseins bei der Zerrissenheit zwischen eigenmächtiger Sünde und gehaltener Geschöpflichkeit anbelangt, so lernen wir westlichen Theologen heute gerade von Christen und Theologen aus anderen Regionen der Welt, was Bonhoeffer in den späten Briefen andeutet, wenn er schreibt: „Gott ist mitten im Leben jenseitig"[63]. Vom „Letzten" her, wie es in Bonhoeffers theologischen Entscheidungskriterien seinen Ausdruck findet, werden auch die Bereiche vorletzter säkularer Wirklichkeit theologisch verantwortet in Abgrenzung gegen verabsolutiertes Autonomiestreben und gegen flache Diesseitigkeit.

2. Systematisch-theologische Überlegungen zu „Grenze und Mitte" des Gesprächs zwischen Pastoraltheologie und Humanwissenschaften

62 Vgl. R. Bohren, Praktische Theologie, in: LThK VIII, 885f; W. Jannasch, Praktische Theologie, in: RGG^3 V, 504ff; J. Lell, Pastoraltheologie, in: RGG^3 V, 1491; K. Rahner, Pastoraltheologie, in: LPastTh 393ff; A. Kauber, Pastoraltheologie, in: LThK VIII, 164f; M. Seitz, Die Aufgabe der praktischen Theologie, in: E. Jüngel, . Rahner, M. Seitz, Die Praktische Theologie zwischen Wissenschaft und Praxis, München 1968, 72ff; G. Krause (Hrsg.), Praktische Theologie, Darmstadt 1972

63 D. Bonhoeffer, Widerstand und Ergebung: Brief vom 30. 4. 1944

Die Fülle menschlicher Existenz in der Mehrdimensionalität vorletzter Wirklichkeit und auch in der Zerrissenheit zwischen eigenmächtiger Sünde und gehaltener Geschöpflichkeit wird heute gerade von den empirischen und humanen Vernunftwissenschaften höchst differenziert erforscht und unter dem je eigenen Spezialaspekt durchsichtig gemacht. Besonders die Pastoraltheolgie ist darum in das Gespräch mit diesen Vernunftwissenschaften hineingestellt, um die „Sache der Theologie“ mit der Gegenwartssituation zu konfrontieren und in sie hinein konkret werden, d. h. mit ihr zusammenwachsen zu lassen[64]. Es geht darum, den Menschen vor Gott in der Welt ganz ernst zu nehmen, weil Gott ihn ernstgenommen hat. So helfen die Vernunftwissenschaften zu einem differenzierteren Verständnis des Menschen in der Gegenwartssituation.

In dem helfend-partnerschaftlichen Gespräch geht es also um den Menschen als Geschöpf, Sünder und Gerechtfertigten innerhalb der vorletzten Lebens- und Wirklichkeitsbezüge von der „Sache der Theologie“ her als dem „Letzten“. Dieses Gespräch wird geführt in empirisch-kritischer Abgrenzung gegen die Normierung faktischer Verhältnisse und die Methodisierung sachfremder Ergebnisse einerseits und gegen einen ungeschichtlichen Dogmatismus andererseits[65]. Die abgegrenzten Ergebnisse und Methoden der Partnerwissenschaften werden in den Dienst genommen - nun weniger von der Pastoraltheologie, gar als ancillae theologiae pastoralis, sondern von der „Sache der Theologie“. Und indem die humanwissenschaftlichen Ergebnisse der Botschaft von der Wahrheit, die sich in der Predigt durch den heiligen Geist als die Unverborgene je neu bewahrheitet gegen die Unwahrheit, zugeordnet werden, werden sie sozusagen getauft und damit auf das Heil des Menschen und die Erneuerung der Kirche in unserer säkularen Welt bezogen.

Zugleich erinnert die Pastoraltheologie von ihrer eigenen „Mitte“ her die Gesprächspartner immer wieder an die Begrenztheit und die Vorläufigkeit ihrer jeweiligen Methoden und Ergebnisse; selbstverabsolutierende und grenzüberschreitende Verweltanschaulichungen wird sie entsprechend als casus confessionis für die ideologiekritische Aufgabe ihres eigenen Wächteramtes ansehen.

Das Gespräch zwischen der Pastoraltheologie und den empirischen und humanen Wissenschaften wird demnach geführt auf dem Hintergrund der Glaubenserkenntnis von der Zwiespältigkeit der natürlichen Vernunft. Auch die natürliche Vernunft ist der Macht der Sünde unterworfen, die jene immer nur durch eigenmächtige Entgrenzungen und selbstübersteigende Verabsolutierung zur unvernünftigen Vernunft pervertieren läßt. Und dennoch wird die Schöpfungsgabe der natürlichen Vernunft als vernünftige Vernunft hineingenommen in den Dienst von Gottes verborgenem Erhalten und Regieren unserer säkularen Welt, seiner Schöpfung. Aus ihrem Zwiespalt und aus ihrer Zerrissenheit wird die natürliche Vernunft durch Gottes Gnadenwirken in der Rechtfertigung des Sünders befreit und geheilt, also nicht durch

64 Vgl. G. Ebeling, Studium der Theologie. Eine enzyklopädische Orientierung, Tübingen 1975

65 Vgl. auch: M. Plathow, Lehre und Ordnung der Kirche. Dogmatische, rechtstheologische und pastoraltheologische Überlegungen zu den Lebens- und Visitationsordnungen, Göttingen 1982

die Theologie, sondern durch die „Mitte“, die „Sache“, das „Subjekt“, den „Herrn“ der Theologie. Sie wird befreit zum Dienst am Wohl der Menschen und zur Ehre Gottes in den verschiedenen Wissenschaften; sie wird befreit zur Erkenntnis und Anerkenntnis des Herrengeheimnisses der Wahrheit, das sich in Jesus Christus bewahrheitet, wie es so plastisch und treffend das Heidelberger Universitätszepter zeigt[66].

3. Die pastorale Entscheidung [67]

Diese wissenschaftstheoretischen Überlegungen reichen jedoch allein nicht aus für die pastoraltheologischen Orientierungs- und Entscheidungshilfen. Geht es doch bei der Konfrontation und Konkretion der „Sache der Theologie“ mit der Gegenwartssituation letztlich um die personale Begegnung des Menschen mit dem gekreuzigten und auferstandenen Christus durch den heiligen Geist. Diese Begegnung kann im methodisch reflektierten und sachlich informierten Zusammensein zwischen Prediger und Gemeinde, zwischen Beichtiger und Beichtenden, zwischen Helfenden und Hilfsbedürftigen, zwischen Pastor und Pastoranden nur durch den Mittler selbst gestiftet und geschenkt werden. Sie geschieht, wenn in der Konkretion das Predigtwort das Herz des Hörers erreicht, wenn Vergebung dem Schuldbeladenen zugesprochen wird, wenn in der ethischen Entscheidung Liebe dem Bedürftigen geschenkt wird, Gemeinschaft dem Einsamen gewährt wird, Trost im Leiden geweckt wird, Friede in Verfeindung gesät wird, Freude und Hoffnung auf die endgültige Vollendung entzündet wird. Der Mittler tritt hier an die Stelle der Grenze zwischen altem und neuem Menschen, zwischen Gemeinde und Welt, zwischen Glaube und Unglaube, Friede und Haß, Trost und Skepsis, Hoffnung und Resignation. Der Mittler wird die vermittelnde Mitte, die auch Grenzen setzt, sodaß an den Grenzen die Entscheidungen über die Mitte fallen. Als „Grenze und Mitte“ wirkt Christus somit letzte pastorale Entscheidungen in der Zerrissenheit vorletzter Lebensbezüge und -bereiche für das letzte Sein bei Gott je neu in der Predigt, in der Seelsorge, in der Katechetik, in der gemeidlichen Kybernetik, in der Diakonik und Aszetik. Im Bild des Musikliebhabers D. Bonhoeffer gesprochen, ist die begrenzende und vermittelnde Mitte der cantus firmus, zu dem im Kontrapunkt steht die christliche und geschöpfliche Existenz in ihrer Variationsfülle mit Dissonanzen und Harmonien[68].

Zusammenfassung

Zusammenfassend lassen sich zur Bedeutung D. Bonhoeffers für die Pastoraltheologie sieben Thesen nennen:

1. Bei den konkreten Orientierungs- und Entscheidungshilfen pastoraltheologischer Verantwortung geht es im letzten um die „Sache der Theologie“ als Grenze und

66 Vgl. E. Schlink, Das Szepter der Universität Heidelberg. Christus und die Fakultäten, in: Schriften der Universität Heidelberg, H. 3, 1946/47, Berlin-Göttingen-Heidelberg 1948, 31ff

67 Vgl. auch A. Schönherr, Lutherische Privatbeichte, 1938; und ders., Kirchenzucht, Gütersloh 1966

68 .D. Bonhoeffer, Widerstand und Ergebung: Brief vom 20. 5. 1944 und 21. 5. 1944.

Mitte.
2. Der Pastoraltheologie mit ihren verschiedenen Zweigen ist von hierher eine eigene theologische Identität gegeben. In empirisch-kritischer sowie in traditionskritischer Abgrenzung geht es um die Konkretion, das Zusammenwachsen der „Sache der Theologie“ mit der Gegenwartssituation zur Erneuerung und Erbauung der Kirche Jesu Christi in der säkularen Welt heute.
3. „Sache“ der theologischen Grundlinien pastoraltheologischer Verantwortung, die ja den systematisch-theologischen Entscheidungskriterien entsprechen, ist die Offenbarung des Geheimnisses des dreieinen Gottes in Christi Kreuz und Auferstehung zum Heil der Menschen. In der Predigt von Gesetz und Evangelium mit ihrer Kraft Grenzen setzender Gnade wird der Glaube geschenkt, die Rechtfertigung zugeeignet, die neue Schöpfung gewirkt grenzzeitlich in Richtung auf die letzte Vollendung.
4. Von der letzten Beziehung zu Gott her finden die vorletzen Lebensbereiche des „mündigen“ Menschen unserer säkularen Welt ihren Grund darin, daß Gott durch seine eigenen Selbstentäußerung sie in eine Freiheit gestellt hat, die die Möglichkeit eigenmächtiger Grenzüberschreitungen einschließt. Trotz dieser Pervertierung erhält und regiert Gott in Treue dennoch verborgen anwesend, seine Schöpfung, unsere säkulare Welt. Transzendenz und Immanenz des dreieinen Gottes sind damit verbunden, ohne nach je einer Seite hin identifiziert zu werden, Gott ist der in freier Liebe verborgen anwesende Erretter, Erhalter, Begleiter und Regierer[69].
5. Die empirischen und humanen Wissenschaften natürlicher Vernunft sind notwendige Gesprächspartner der Pastoraltheologie, um die Gegenwartssituation, die Mehrdimensionalität und Variationsbreite menschlichen Lebens in einer säkularen Welt ernst zu nehmen, d. h. den Menschen in seiner Zerrissenheit von eigenmächtiger Sünde und geschöpflichem Gehaltenwerden und den Menschen als neue Kreatur in der Gemeinde Jesu Christ.
6. Die adjuvativen Aufgaben der empirischen und humanen Wissenschaften in diesem helfend-partnerschaftlichen Gespräch entspricht die ideologiekritische der Pastoraltheologie.
7. Letztes Subjekt pastoraler Entscheidungen ist der Mittler Jesus Christus, der als Grenze und Mitte durch den heiligen Geist gegenwärtig je neu wirkt. Pastorale Entscheidungen sind damit pneumatische Akte im Streit zwischen Glaube und Unglaube um die Wirklichkeit auf die letzte Vollendung Gottes hin durch Gericht und Gnade.

69 Vgl. M. Plathow, Das Problem des concursus divinus, Göttingen 1976, 72f

Das Reden von der „Ganzheitlichkeit“

Ein mit D. Bonhoeffer kritisches Essay

Wache Zeitgenossen erfahren es immer wieder, dass bestimmte Ausdrücke des vorhandenen Sprachschatzes plötzlich eine Boom erleben und in verschiedenen Sprachfeldern und Sprachspielen für eine gewisse Zeit eine dominierende Rolle einnehmen. Der syntaktische Sprachgebrauch gewinnt durch politische Herausforderungen, durch die soziokulturellen Gegebenheiten, durch die Defizit- und Sehnsuchtserfahrungen im allgemeinen Zeitgeist eine semantische Ausdrucksstärke und eine pragmatische Zugkraft. Werbemanager und Wahlkampfstrategen wissen die Macht der Sprache und des Ausdrucks für ihre Zwecke zu nutzen.
Solche Modeworte erleben mit ihrem Boom auch ihre Inflation und ihren Bedeutungsverfall. Nicht selten werden sie dann in verschiedenen Sprachfeldern äquivok verwendet, was zu kritischem Hinterfragen nach ihrer eigentlichen Bedeutung Anlass geben muss.

1. „Ganzheitlichkeit“ als Ausdruck der „Wendezeit“

Solch einen Boom erfährt seit einiger Zeit die Rede von der „Ganzheitlichkeit“. Besonders in Öku-Gruppen, in der feministischen Literatur, und der Anthroposophie und in der esoterischen New-Age-Szene ist der Gebrauch dieses Wortes signifikant. Dahinter steht ein bestimmtes Wirklichkeitsverständnis, das Wirklichkeitsverständnis einer „Wendezeit“[1], geboren aus einem Krisen- und Umbruchsbewußtsein: nach dem Aufklärungsoptimismus durch die Machbarkeit der technischen Vernunft nun bei vielen das Gefühl von den „Grenzen des Wachstums“ und von den Sackgassen technischer Möglichkeiten; nach der Entmythologisierung nun bei vielen das Entdecken des Mythischen; nach der Aufteilung und Parzellierung der Lebens- und Wissensbereiche nun bei vielen der Hunger nach „Ganzheit“; nach dem Sich-Einnisten in Sekundärsysteme nun bei vielen die Sehnsucht nach Primärerfahrungen; nach dem „eindimensionalen Menschen“ nun bei vielen die Suche nach der umgreifenden Dimensionalität; nach dem Wissenschaftsglauben nun bei vielen die Wissenschaftsskepsis; nach der entpersönlichenden Funktionalisierung der Arbeitsprozesse nun die Selbstverwirklichung durch Bewußtseinstransformierung; nach dem Paradigma der Subjekt-Objekt-Trennung westlicher Rationalität nun das Paradigma umgreifenden Bewußtseins fernöstlichen Identitätsdenkens, das gegenüber

1 Fr. Capra, Wendezeit, Bern-München-Wien 1984[8]; vgl. auch: ders., Das neue Denken, Bern-München-Wien 1986; M. Ferguson, Die sanfte Verschwörung, Basel 1982; H.-J. Ruppert, New Age, Wiesbaden 1985; epd-Dok 39/87; Die neue religiöse Welle, Hamm 1985; H. Wöller, Ein Traum von Christus, Stuttgart 1987 u. a.

der Denkform des „Entweder-oder“ die Erfahrung der Synthese und Komplementarität ausschöpft.
Nun mahnt das Reden von der „Ganzheitlichkeit“ mit Recht zu beanstandende Defizite im Wirklichkeitsverständnis an: gegenüber dem reduzierten Wirklichkeitsverständnis kausal-mechanistischer Erklärung die Sinnzusammenhänge des Verstehens; gegenüber dem Machbarkeitswahn rationaler Weltbewältigung die makrokosmisch umgreifende Ganzheitserfahrung; gegenüber der Normativität des technisch Möglichen die verantwortliche Technikfolgenabschätzung nach ethischen Grundwerten.
In den alternativen Gruppierungen mit ihren literarischen Äußerungen werden mit der Rede von der „Ganzheitlichkeit“ jedoch trennende Gegensätze aufgebaut und aufgebrochen, sodass „Ganzheitlichkeit“ zum Protestwort des subkulturellen Milieus zu werden droht, besetzt mit Sehnsüchten und Hoffnungspotentialen. Zugleich droht die polemische Rede von der „Ganzheitlichkeit“ in Esoterik, Feminismus und New-Age-Syndrom mit ihrer legitimierenden, aber auch oft verabsolutierenden Intention wieder einseitig[2], wirklichkeitsverengend und so unganzheitlich, die Gegensätze - soweit es sich um solche handelt - gerade nicht vereinend zu werden. Die Dominanz und der Primat des „Ganzen“ aber setzt die Synthese und Interdependenz des Gegensätzlichen voraus und hat sie zur Folge: die Wechselbeziehung von Sein und Bewußtsein, Natur und Geist, Wirkungs-und Sinnzusammenhänge, Erklären und Verstehen, Erkennen und Erfahren, technische und verantwortliche Vernunft, Soma und Psyche, Maskulin und Feminin, Mann und Frau. Die Anmahnung der Defizienz droht somit selbst defizient zu werden. Alternativansprüche und die Einholung der Ansprüche drohen auseinander zu fallen.
Nun nimmt die Rede von der „Ganzheitlichkeit“ auch im Raum der Kirche in erhöhtem Maße zu: in Predigten, im Unterricht, in Verlautbarungen und Erklärungen. Ist das nur auf Einflüsse aus dem alternativen Milieu zurückzuführen? Oder reagiert die Kirche und die Theologie hier auf berechtigte Herausforderungen von ihrer eigensten Sache her? Liegen vielleicht auch Äquivokationen vor?
Um die Fragen schärfer in den Blick zu fassen, ist es hilfreich, dem sprachlichen Gebrauch von „Ganzheitlichkeit“ geschichtlich nachzugehen.

2. Der geschichtliche Hintergrund des Redens von „Ganzheitlichkeit“

Das Wort „Ganzheitlichkeit“ stellt ein substantiviertes Adjektiv oder Adverb dar, wie wir es aus verschiedenen Wortzusammemhängen her kennen: Parteilichkeit, Kirchlichkeit, Staatlichkeit, aber auch Gesetzlichkeit, Sinnlichkeit, Geschöpflichkeit, Göttlichkeit u. a. Das Adjektiv fußt in seinem Wortstamm wiederum auf einem Substantiv, in unserer Wortverbindung auf dem Substantiv „Ganzheit“. Es handelt sich also um eine sehr verschränkte Wortkonstruktion, deren semantische Bedeutung gerade deshalb bisweilen im Formalen zu bleiben droht.
„Ganz“ und „Ganzheit“ wird - wie ihr Gebrauch in der Geschichte zeigt[3] - im Sinn

2 Kl. Nientiedt, Ganzheitlichkeit, in: Herder Kor 41, 1987, 101ff
3 Deutsche Wörterbuch IV, hrsg. J. Grimm/W. Grimm,Leipzig 1878, 1286f

von „integer, unverfälscht, ungeteilt, vollzählig, vollständig, vollkommen“ verstanden. Dies gilt für den allgemeinen Sprachgebrauch, für die Dichtung besonders seit der Romantik und Klassik sowie für die theologische Verwendung. Überhaupt liegt dem Verständnis von „ganz“ und „Ganzheit“ eine eminent theologische Bedeutung zugrunde, die sich auf die anthropologischen Themen (5. Mose 6, 5 mit Mt 22, 37 u. a.) und die eschatologische Dimension (1. Kor 13, 11ff; 1. Kor 15, 28; Offb 21, 5 u. a.) konzentriert.

In der Wissenschaftssprache der Neuzeit, vor allem in der Sprache der Humanwissenschaften hat die Rede von der „Ganzheit“, bisweilen auch von der „Ganzheitlichkeit“ ebenfalls seinen Ort; das gilt für die Gestaltpsychologie[4] und Psychosomatik[5], aber auch für die Medizin[6], die Gesellschaftslehre[7], Pädagogik[8] und Philosophie[9]. „Ganzheit“ meint „ein Insgesamt von Gliedern, in dem eine stabile Ordnungsbeziehung des Ganzen zu den Gliedern und der Glieder zueinander herrscht. Dieses Ganze ist nicht teilbar und kann auch nicht aus einzelnen Teilen zusammengesetzt werden. Ganzheit bedeutet mehr als eine Summe der Teile, sie kann als eine Struktur betrachtet werden, auf der die Harmonie der einzelnen Glieder beruht“[10]. „Ganzheit“ und „Ganzheitlichkeit“ in diesem mehr systemtheoretischen Sinn wendet sich zum einen gegen kausal-mechanistische oder atomistische Einzelanalysen, zum andern gegen ideologisch befrachtete holistische Sinndeutungen[11].

Innerhalb der Theologie findet besonders in der Pastoraltheologie die Ganzheitsmedizin oder die „anthropologische“ Medizin und die Psychosomatik mit ihrer In-Blick-Nahme des „ganzen“ Menschen[12] als leib-seelische Einheit direkte Aufnahme; in der praktischen Seelsorge als Glaubens- und Lebenshilfe[13] wird die „Ganzheits“-Vorstellung konkret.

Bei diesem“ganzheitlichen“ Menschenverständnis geht es um ein ureigenes Anliegen des christlichen Glaubens, wie es in der alttestamentlichen Tradition angelegt ist. In andringender Weise hat H. W. Wolff in der „Anthropologie des Alten Testaments“ in Abgrenzung von einem dicho- oder trichotomischen Menschenbild[14] die synthetische Sicht der „anthropologischen Sprachlehre“ mit ihren einzelnen biblischen Begriffen, aber auch der „biographischen Anthropologie“ und der „soziologischen Anthropologie“ „ganzheitlich“ entfaltet. Trotz dicho- und trichotomischer Anklänge

---

4 F. Krüger, Zur Philosophie und Psychologie der Ganzheit, hrsg E. Heuss, Berlin-Göttingen-Heidelberg 1953; A. Wellek, Ganzheitspsychologie, München 1954

5 V. v. Weizsäcker, Der Gestaltkreis, Stuttgart 1954^4

6 R. Siebeck, Medizin in Bewegung, Stuttgart 1953^2; ders., Die Medizin auf der Suche nach dem Menschen, in: ThLZ 82, 1957, 742ff

7 O. Spann, Gesellschaftslehre, Leipzig 1930^3

8 A. Kern (Hg.), Die Idee der Ganzheit in Philosophie, Psychologie, Pädagogik und Didaktik, Freiburg 1965

9 H. Driesch, Leib und Seele. Eine Untersuchung über das Psychophysische Grundproblem, Leipzig 1923^3; ders., Der Mensch und die Welt, Zürich 1945^2

10 Große Brockhaus Enzyklopädie 9, 762

11 Meyers Enzyklopädisches Lexikon 9, 677; A. Meyer-Abich, Ideen und Ideale der biologischen Erkenntnis, Leipzig 1934

12 Vgl. D. Rössler, Der 'ganze' Mensch, Göttingen 1962

13 Vgl. u. a. H. Tacke, Glaubenshilfe als Lebenshilfe, Neukirchen 1975

14 H. W. Wolff, Anthropologie des Alten Testaments, München 1977^3

im Neuen Testament ist das „ganzheitliche" Menschenbild, eingebunden in die Glaubensbeziehung zu Gott in der Welt und zu Jesus Christus in der Gemeinde, das bestimmende im christlichen Glauben geworden[15]. Es wurde gerade von M. Luther - besonders in seinen Überlegungen von der leib-seelischen „Ganzheit" des Menschen, in seinem Abendmahlsverständnis und in seinen pastoraltheologischen und seelsorgerlichen Ratschlägen - wieder bedacht und neu verkündigt. Durch die enge Verbindung von Seelsorge und Diakonie findet dieses „ganzheitliche" Denken im gemeindlichen und kirchlichen Leben heute seinen Ausdruck.
Auch in der systematischen Theologie findet die „Ganzheits"-Vorstellung immer wieder ihren Widerhall. Signifikant hierfür ist die 61. These G. Ebelings[16] gegen den kritischen Rationalismus H. Aberts[17]: „Zumal bei Reduktion wissenschaftlicher Methode auf die sogenannten naturwissenschaftlichen Verfahrensweisen, die zwar ein eigentümlich menschliches, aber doch höchst einseitiges Verhalten zur Wirklichkeit darstellen, droht eine Verkümmerung des ganzheitlichen Lebensverhältnisses zur Wirklichkeit, was das Verständnis sogar der Natur, vornehmlich aber der Geschichte betrifft". In der Gegenwart hat u. a. W. Pannenbergs theologisches Denken das Augenmerk dem „Ganzheits"- und „Ganzheitlichkeits"-Aspekt zugewandt. Auf dem Hintergrund der Welt- und Zukunftsoffenheit des Menschen sagt er in „Was ist der Mensch?": „Die Bestimmung des Menschen zielt ja, ..., darauf ab, dass er die Ganzheit seines eigenen Daseins gewinne, die nicht ohne die Einheit seiner Welt und nicht ohne Gemeinschaft mit anderen Menschen möglich ist"[18]. Die menschliche Bestimmung hat sich in Jesus Christus proleptisch erfüllt und wird dem aus der Ichbezogenheit befreiten Menschen als „ganzheitliche" Existenz, eingebunden in die Natur- und Gesellschaftszusammenhänge, schon zugeeignet auf die endgültige Vollendung hin von allem Geschehen in der Universalgeschichte durch die Zu-kunft Christi. Von Hegelschen Denkformen mitbestimmt, wird die „Ganzheits"-Vorstellung theologisch entfaltet, wie an dieser Stelle nur abbreviativ angedeutet werden soll[19]. Festzuhalten bleibt, dass das „Ganzheits"- und „Ganzheitlichkeits"-Modell ein gerade in Theologie und Kirche besonders in der biblischen Theologie, der Pastoraltheologie und der systematischen Theologie fest verankerter Leitgedanke ist, der von der „Sache" der Theologie und vom Auftrag der Theologie seinen Geltungsanspruch immer neu einlösen will. Der theologische Ort der Rede von der „Ganzheit" und „Ganzheitlichkeit" liegt dabei vor allem in der Anthropologie und der Eschatologie.

3. Die Uneindeutigkeit der Rede von der „Ganzheitlichkeit"
Aus dem bisher Gesagten lassen sich drei Folgerungen ziehen:
a. Bei dem Ausdruck „Ganzheitlichkeit" handelt es sich um eine in hohem Maß verschränkte Wortkonstruktion, was für die semantische Bedeutung eine

15 Vgl. u. a. H. Conzelmann, Grundriss der Theologie des Neuen Testaments, München 1967, 195ff
16 G. Ebeling, Kritischer Rationalismus?, Tübingen 1973, 100
17 H. Albert, Traktat über kritische Vernunft, Tübingen 1968; ders., Theologische Holzwege, Tübingen 1973
18 W. Pannenberg, Was ist der Mensch?, Göttingen 1964², 77
19 Vgl. ders., Glaube und Wirklichkeit, München 1975; Anthropologie in theologischer Perspektive, Göttingen 1983; Was ist Wahrheit?, in: ders., Grundfragen systematischer Theologie I, Göttingen 1967, 202ff

Formalisierung einschließen kann. In seiner Verschränktheit kann „Ganzheitlichkeit" - wie auch andere entsprechende Wortkonstruktionen, z. B. Parteilichkeit, Gesetzlichkeit - darüber hinaus im semantischen Gebrauch eine Abschwächung des Stammworts - hier „Ganzheit" - zur Folge haben oder auch eine Steigerung, die aber als überzogene Zuspitzung wiederum eine Einengung oder Bedeutungs-Verengung einschließt. Der Ausdruck „Ganzheitlichkeit" ist somit an sich nicht eindeutig.
b. Die gehäufte, schon inflationäre Rede von der „Ganzheitlichkeit" entspringt dem Krisen- und Umbruchbewußtsein des gegenwärtigen Zeitgeistes; als Protestausdruck, der mit Sehnsüchten besetzt ist, geht sie aus dem alternativen Milieu hervor. Die Defizite eines verengten Wirklichkeitsverständnisses anmahnend, stellt die Rede von der „Ganzheitlichkeit" eine berechtigte Herausforderung an Leibfeindlichkeit, Schöpfungsvergessenheit, Individualismus u. a. dar; zugleich droht ihr durch eigene ideologische Besetztheit eine widersprüchliche Unganzheitlichkeit und Bedeutungsverengung. Den Ausdruck „Ganzheitlichkeit" kennzeichnet also ein ambivalenter Gebrauch.
c. In verschiedenen Wissenschaftsfeldern, vor allem in den Humanwissenschaften, wird der Ausdruck „Ganzheitlichkeit" und vor allem „Ganzheit" als systemtheoretischer Hilfsbegriff verwandt, um Phänomene im Bereich der Anschauung und Wahrnehmung zu erfassen und zu kennzeichnen. Zugleich aber hat die Rede von der „Ganzheit" gerade vom biblisch-theologischen Denken her seinen Ort in der Theologie und in der Kirche, d. h. besonders in der biblischen Anthropologie und christlichen Eschatologie. Der Säkulargebrauch dieses von der Sache her theologischen Ausdrucks führt zu verschiedenen Äquivokationen, weniger mit dem definiten Verständnis in den Humanwissenschaften, als vielmehr mit dem weltanschaulich besetzten Gebrauch der alternativen Geistesrichtungen.
Eine differenzierte und kritisch verantwortete Rede von der „Ganzheit" und „Ganzheitlichkeit" ist darum notwendig.

4. Theologischer Grund eines Redens von „Ganzheit"
Vom Alten Testament her wird der Mensch im christlichen Glauben als leib-seelische „Ganzheit" erkannt, eingebunden in die familiäre, gesellschaftliche und kreatürliche Mit- und Umwelt; so lebt er in Wechselbeziehung mit seiner Umgebung und zugleich gestaltet, pflegt und bewahrt er als Mandatar und Mitarbeiter Gottes sie[20]. In der Beziehung zu Gott erfährt der Mensch seine „ganzheitliche" Existenz (1. Mose 1, 26ff; 2, 18ff; 5. Mose 6, 5 u. a.): die innerweltliche Wirklichkeit - wir könnten sagen: die funktionalen Wirkungszusammenhänge im persönlichen, gesellschaftlichen und naturhaften Leben - findet die verstehenden Sinnzusammenhänge durch die umgreifende Dimensionalität des Glaubens an Gott, den Schöpfer, Erhalter und Lenker. „Der Glaube ist etwas Ganzes"[21], weil die Christuswirklichkeit in die innerweltliche Wirklichkeit eingebrochen ist, sagte einmal D. Bonhoeffer und grenzte

20 M. Plathow, Das cooperatio-Verständnis M. Luthers im Gnaden- und Schöpfungsbereich. Zur Frage nach dem Verhältnis von Mensch und Schöpfung, in: Luther 55, 1985, 28ff
21 D. Bonhoeffer, Widerstand und Ergebung, Brief vom 18. 7. 1944

sich dabei vom partiellen und partikularen Wirklichkeitsverständnis des „Religiösen" ab. Gegenüber der Vergessenheit des Naturhaften, des Leiblichen und Natürlichen nicht selten in der Theologie ist dieses „ganzheitliche" Verständnis des Glaubenden und der Glaubenswirklichkeit neu wahrzunehmen und durch die abgegrenzten Ergebnisse der Natur- und Humanwissenschaften immer neu zu konkretisieren. Durch die Erfahrung der Macht der Sünde, des Bösen und des Todes wie auch gerade durch die Erfahrung der eigenen Sündhaftigkeit als Unglaube, Ichverschlossenheit und Zerbrochenheit der „ganzheitlichen" Wirklichkeit. Der Mensch vermag sie und sich aus sich heraus nicht zu heile; auch vermag der Mensch sich selbst nicht aus ihr zu befreien: weder durch Selbstverwirklichung[22] oder Selbstzentrierung noch durch Erkenntnismaximierung oder durch esoterische Bewußtseinsformierung. Die gebrochene Wirklichkeit verbleibt jedoch für den Glaubenden die von Gott erhaltene, ausgerichtet darauf, dass sie geheilt wird und einmal ihrer Vollendung durch Gottes Zu-kommen entgegen geführt wird.

In Jesus Christus, dem Schöpfungsmittler und Erlöser, d. h. in seinem Kreuzesleiden für die gebrochenen Menschen und in seiner Auferstehung als Sieg über die Macht der Sünde, des Bösen und des Todes, wird das vorausgenommene „ganzheitliche" Leben „vor" Gott" und „vor" der Welt in der Gemeinde schon geschenkt und zugeeignet auf die endgültige Vollendung hin, wo Gott ist alles in allem. Die neue Wirklichkeit in Jesus Christus bleibt eine „fremde" Wirklichkeit, eben eine Gnadenwirklichkeit, die nun alle Bereiche und Ebenen der innerweltlich gebrochenen Wirklichkeit und das Leben der Glaubenden durchdringt. Die Vollendung oder die Vollkommenheit, die ja vom Begriff her schon in der „Ganzheits"-Vorstellung intendiert ist, steht also noch aus. Gegenüber der Eschatologie-Vergessenheit beim Reden von der „Ganzheitlichkeit" ist das kritisch zu betonen. Wie die Erlösung der gebrochenen Wirklichkeit und des Menschen durch Jesus Christus sich als Gnadengeschehen erweist, so wird die „ganzheitliche" Vollendung durch Gottes Gericht und Gnade Ausdruck der alleinigen Tat Gottes bei seinem Zukommen sein.

In der geschichtlichen Bewegung des Glaubenden und der glaubenden Gemeinde im „Vorletzten" auf das „Letzte" hin und vom „Letzten" her (Offb 1, 17) wird solange das „Ganze" im Teil und die „Ganzheit" im Fragment erfahren und erkannt (1. Kor 13, 10ff). Dies gilt auch für die Glaubenden und die glaubende Gemeinde in ihrer leib-geistlichen Existenz im Gebet „vor" Gott und in Verantwortung „vor" der Welt. So schreibt D. Bonhoeffer in auch heute andringenden Worten: „Unsere geistliche Existenz … bleibt ein Torso. Es kommt wohl nur darauf an, ob man dem Fragment unseres Lebens noch ansieht, wie das Ganze eigentlich angelegt und gedacht war und aus welchem Material es besteht. Es gibt schließlich Fragmente, die nur noch auf den Kerichthaufen gehören …, und solche, die bedeutsam sind auf Jahrhunderte hinaus, weil ihre Vollendung nur eine göttliche Sache sein kann ...Wenn unser Leben auch nur ein entferntester Abglanz eines solchen Fragmentes ist, in dem wenigstens eine kurze Zeit lang die sich immer stärker häufenden verschiedenen Themata

22 M. Theunissen, Selbstverwirklichung und Allgemeinheit. Zur Kritik des gegenwärtigen Bewußtseins, Berlin-New York 1982

zusammenstimmen und in dem der große Kontrapunkt von Anfang bis zum Ende durchgehalten wird, so dass schließlich nach dem Abbrechen höchstens noch der Choral 'Vor Deinen Thron tret' ich allhier' intoniert werden kann, dann wollen wir uns auch über unser fragmentarisches Leben nicht beklagen, sondern daran sogar froh werden“[23].

Zusammenfassend lässt sich folgendes festhalten:
Die häufige Rede von der „Ganzheit“ und „Ganzheitlichkeit“ in verschiedenen Wissens- und Lebensbereichen spiegelt in signifikanter Weise die geistige Situation der Gegenwart wider. Dabei bleibt die Rede von der „Ganzheitlichkeit“ uneindeutig.
Der zugespitzte Gebrauch als Protest-Audruck in alternativen Geistesrichtungen droht ihre Bedeutung zu konterkarieren: eben das Umgreifen z. T. scheinbar gegensätzlicher Gesichtspunkte.
Es stellt sich das Problem der Äquivokationen, die zu einem differenzierten und kritischen Gebrauch der Rede von der „Ganzheit“ und „Ganzheitlichkeit“ herausfordert und damit auch zum theologischen Urteil.
Neben der Bedeutung als systemtheoretischer Hilfsbegriff in den Humanwissenschaften tritt heute der weltanschaulich besetzte Gebrauch. Von der alttestamentlichen Tradition her handelt es sich um eine in der „Sache“ des christlichen Glaubens gründende Rede, die vor allem in der Pastoraltheologie auf dem Hintergrund theologischer Anthropologie und Eschatologie ihren Ort hat.
Unter Aufnahme humanwissenschaftlicher Ergebnisse hat die theologische Rede von „Ganzheit“ gegenwärtig gerade auch eine ideologiekritische Aufgabe gegenüber einem weltanschaulich befrachteten Reden von „Ganzheitlichkeit“. Das theologische Urteil zum Menschenbild, zu Erlösung und Geschenk des Heils sowie zur Hoffnung des Menschen und der Welt hilft, Äquivokationen zu vermeiden und eindeutige Rede zu finden. D. Bonhoeffer gibt dafür Kriterien.

23 D. Bonhoeffer, Widerstand und Ergebung, Brief vom 23. 2. 1944; vgl. auch: Brief vom 20. 2. 1944 und 20. 5. 1944

Dietrich Bonhoeffer und die Ökumene

1. Papst Johannes Paul II. schreibt in seiner Enzyklika über den Einsatz für die Ökumene „Ut unum sint (25. 5. 1995): „Aus einer theozentrischen Sicht haben wir Christen bereits ein gemeinsames Martyriologium. Es enthält auch die Märtyrer unseres Jahrhunderts, die viel zahlreicher sind, als man glauben würde, und zeigt, wie auf einer tiefen Ebene Gott unter den Getauften die Gemeinschaft unter dem höchsten Anspruch des mit dem Opfer des Lebens bezeugten Glauben aufrechterhält. Wenn man für den Glauben zu sterben vermag, beweist das, dass man das Ziel auch dann erreichen kann, wenn es sich um andere Formen desselben Anspruchs handelt. Ich habe bereits mit Freude festgestellt, dass die zwar unvollkommene, aber real gegebene Gemeinschaft in vielen Bereichen des kirchlichen Lebens bewahrt wird und wächst. Ich glaube nun, dass sie darin schon vollkommen ist, was wir als den Gipfel des Gnadenlebens betrachten, den Märtyrertod, die intensivste Gemeinschaft, die es mit Christus geben kann, der sein Blut vergießt und durch dieses Opfer jene, die in der Ferne waren, in die Nähe kommen lässt (vgl. Eph 2, 13)“[1]. So ist nach 30-jähriger Arbeit das Martyriologium Romanum erschienen. So gedachte der Papst bei der ökumenischen Gedenkfeier für die neuen Märtyrer im Kolosseum am 7. 5. 2000 im Gebet an den evangelischen „Pfarrer von Buchenwald“ Paul Schneider. So ist in den Seligsprechungsprozess der „vier Lübecker Märtyrer“, der Kapläne Hermann Lange, Eduard Müller, Johannes Passek auch der evangelische Pastor Karl Friedrich Stellbrink erinnernd einbezogen; gemeinsam starben sie im Widerstand gegen die Ideologie des Naziregimes am 10. November 1943 unter dem Fallbeich, „ihr Blut floss ineinander“. So wird mit einer Gedenktafel nicht nur in der Westminster Abbey in London, sondern auch in St. Bartholomäo in Rom an den Märtyrer Dietrich Bonhoeffer erinnert.

Für den evangelischen Pastor Dietrich Bonhoeffer, geboren am 4. 2. 1906 in Breslau und hingerichtet im KZ Flossenbürg am 9. 4. 1945, waren Frömmigkeit, theologisches Denken und politische Verantwortung, bei allem fragmentarischen Denken und Handeln in Konsonanz verbunden. Er lebte aus dem Wort Gottes heiliger Schrift mit dem Gebet in evangelischer Freiheit und radikaler Verantwortung. Ein Heiliger wollte er nicht werden. Im Brief vom 21. 7. 1944, also dem Tag nach dem gescheiterten Hitlerattentat in der Wolfsschanze, schrieb er an den Freund Eberhard Bethge: „Ich erinnere mich eines Gesprächs, das ich vor 13 Jahren in Amerika mit einem französischen jungen Pfarrer hatte. Wir hatten uns einfach die Frage gestellt, was wir mit unserem Leben eigentlich wollten. Da sagte er: ich möchte ein Heiliger

1 VApS 121, Nr. 84

werden (und ich halte es für möglich, dass er es geworden ist); das beeindruckte mich damals sehr. Trotzdem widersprach ich ihm und sagte ungefähr: ich möchte glauben lernen. Lange habe ich die Tiefe dieses Gegensatzes nicht verstanden. Ich könnte glauben lernen, indem ich selbst so etwas wie ein heiliges Leben zu führen versuchte. Als das Ende dieses Weges schrieb ich wohl die „Nachfolge"[2]. Um den Glauben in der einen Christuswirklichkeit ging es Bonhoeffer zeit seines Lebens in Denken und Tun.

Auch die evangelischen Christen erinnern sich in Spiritualität und Frömmigkeit an die „Heiligen" als exemplarische Christen[3] und ehren sie; sie rufen diese aber nicht als vermittelnde Fürsprecher und Fürbitter an. So ist es nur sachgemäß, dass nach dem evangelischen Namenskalender an jedem Tag eines Menschen, der den Glauben wahrhaft und glaubwürdig gelebt hat, mit einer geistlichen Lebensbeschreibung gedacht wird. Nach der „Apologie" des Augsburger Bekenntnisses XXI erfahren die „Heiligen" „dreierlei Ehre": 1. „dass wir Gott danksagen, dass er uns an den Heiligen Exempel seiner Gnaden hat dargestellet ...", 2. „dass wir an ihrem Exempel unsern Glauben stärken ...", 3. dass „wir ihres Glaubens, ihrer Liebe, Ihrer Geduld Exempel nachfolgen, ein jeder nach seinem Beruf"[4]. Die Studie der Bilateralen Arbeitsgruppe der Deutschen Bischofskonferenz und der Kirchenleitung der Vereinigten Evangelisch-Lutherischen Kirche Deutschlands „Communio Sanctorum" vom 25. 1. 2000 beschreibt darum weiterführend einen „differenzierten Konsens" für die Verehrung der Heiligen[5].

Bei Dietrich Bonhoeffer verbinden sich gelebte Frömmigkeit, theologisches Denken und politische Verantwortung in besonderer Konsonanz.In der Polyphonie des Lebens hält sich dieser cantus firmus durch[6]. Bei der Mehrdimensionalität seines Lebens und Lehrens zeichnen sich trotz der situativen Veränderung und neuen Akzentsetzungen Kontinuitäten und Konstanten ab[7]. „Unsere geistige Existenz aber bleibt dabei ein Torso. Es kommt wohl nur darauf an, ob man dem Fragment unseres Lebens noch ansieht, wie das Ganze eigentlich angelegt und gedacht war und aus welchem Material es besteht. Es gibt schließlich Fragmente, die nur noch auf den Kerichthaufen gehören (...), und solche, die bedeutsam sind auf Jahrhunderte hinaus, weil ihre Vollendung nur eine göttliche Sache sein kann, also Fragmente, die Fragmente sein müssen - ich denke an die Kunst der Fuge. Wenn unser Leben auch nur ein entferntester Abglanz eines solchen Fragmentes ist, in dem wenigstens eine kurze Zeit lang die sich immer stärker häufenden verschiedenen Themata zusammenstimmen und in dem großen Kontrapunkt vom Anfang bis zum Ende durchgehalten wird, so dass schließlich nach dem Abbruch - höchstens noch der

2 D. Bonhoeffer, Widerstand und Ergebung (1949), München 1977[12], Brief vom 21. 7. 1944
3 BSELK 83b, 1
4 Ebd., 317, 4 - 7
5 Communio Sanctorum. Die Kirche als Gemeinschaft der Heiligen, Paderborn 2000, 229 - 252
6 Anm. 2, Brief vom 20. 5. 1944
7 M. Plathow, Die Mannigfaltigkeit der Wege Gottes. Zu D. Bonhoeffers kreuzestheologischer Vorsehungslehre, in: KuD 26, 1980, 109 - 127; ders., Grenze und Mitte. Systematisch-theologische Überlegungen zu D. Bonhoeffers Pastoraltheologie, in: Pastoraltheologie 71, 1981, 2 - 17

Choral:'Vor Deinem Thron tret' ich allhier' - intoniert werden kann, dann wollen wir uns auch über unser fragmentarisches Leben nicht beklagen, sondern daran sogar froh werden“[8].

2. Diesen Konstanten, d . h. für den Pfarrer und Dozenten Dietrich Bonhoeffer, den theologischen Konstanten seiner ökumenischen Existenz, wollen wir nachgehen, indem zunächst fünf Schlüsselsituationen auf seinem Weg skizziert werden.

a. Cernohorske Kupele: Die Wirklichkeit des „Christus praesens“ in Kirche und Welt

Bonhoeffer war Anfang September 1931 in Cambridge zum Jugendsekretär des ökumenischen Weltbundes für Freundschaftsarbeit gewählt worden; dann auch der „Deutschen Mittelstelle für ökumenische Jugendarbeit“ und ab April 1933 auch für die „Life and Work“-Arbeit; so kam er auch mit Bischof Bell von Chichester, dem Präsidenten des „Life and Work“-Stranges des Ökumenischen Rates der Kirchen, in freundschaftliche Beziehungen. In den Turbulenzen der Wirtschaftskrise und der Arbeitslosigkeit mit nahezu 6 Millionen Menschen in Deutschland, nach dem Rücktritt von Kanzler Brüning am 30. 5. 1932 und kurz vor der Wahl am 31. 7. 1932, bei die NSDAP 230 Reichsmandate eroberte, fand die Weltbund-Tagung im tschechoslowakischen Cernohorské Kupelé statt.

Bonhoefffers acht Thesen zum dortigen Vortrag[9] formulieren das theologische Verständnis der ökumenischen Bewegung als Gestalt des Wesens der Kirche. Dieses hatte er in seiner Dissertation „Sanctorum Communio“[10] als „Christus als Gemeinde existierend“ expliziert und in seiner Habilitationsschrift „Akt und Sein“ sowie in der Vorlesung „Das Wesen der Kirche“ weiter entfaltet.

Die Kirche, keine Zweckorganisation, sondern als „Christus praesens“ eine Sinn- und Zielgemeinschaft, hat den Auftrag, der ganzen Welt“ in der Vollmacht Christi das Evangelium und Gebot Gottes so zu verkündigen, dass es in die konkrete gegenwärtige Lage hineintrifft und diese verändert. Das heißt für Bonhoeffer: gegen eine „Schöpfungsordnungs“-Theologie in die „Ordnungen der Erhaltung auf Christus hin“; später kennzeichnet er diese als „Mandate“ Gottes. Diese Ordnung aber intendiert eine Friedensgemeinschaft im Dienst an Wahrheit und Recht; sie lebt aus der Vergebung und ist im Ringen um Verständigung viel weiter und tiefer als der äußere Frieden als „absolutes Ideal“, um das sich Internationalismus oder die „Social-gospel-Bewegung“ bemühen.

Bonhoeffer greift die Kategorien des philosophischen Personalismus etwa Eberhard Griesebachs und der Sozialpsychologie Ferdinand Tönnies in dogmatisch-ethischer Intention auf: In der personalen Beziehung von Ich und Du versteht sich das Ich vom Du des Anderen her; zugleich bleibt das Du die Schranke zum Ich des Anderen. Das gilt auch für das personale Verhältnis des Ich zum Du Gottes; Gott selbst ist es, der

8 Anm. 2, Brief vom 23. 2. 1944
9 D. Bonhoeffer, Gesammelte Schriften I, hrsg. E. Bethge, München 1965, 159 - 161
10 Ders., Sanctorum Communio. Dogmatische Überlegungen zur Soziologie der Kirche (1930), München 1969[4]

sein Ich hinter dem Du trotz des Risses der Sünde erschließt in der Offenbarung in Jesus Christus, u. zw. in Christi Stellvertretung bis zum Tod am Kreuz. Die Stellvertretungstat Jesu Christi, dem - mit Augustin und Luther gesprochen - „sacramentum et exemplum“ erweist sich als Grund für die Stellvertretung als „Lebensprinzip“ der christlichen Gemeinde, in der entsprechend zu Hegels objektivem Geist und gegen Kierkegaards monadisierende „Kategorie des einzelnen“ der heilige Geist gleichursprünglich den Glauben des einzelnen und der Gemeinde durch Wort und Sakrament schafft, Personalität und Sozialität in Wechselbeziehung verbindet und sich der Kollektivperson der Gemeinde als eigenem Aktzentrum vermittelt. Gerade die Kirche als ökumenische Friedensgemeinschaft hat darum im Erkennen, Anerkennen und Bekennen der eigenen Schuld den Auftrag Christi, der ganzen Welt die Wahrheit des Evangeliums und das Gebot für Recht und Gerechtigkeit zu verkündigen.

In der personalen Beziehung von Ich und Du erweist sich das Du des Anderen als ethisch herausfordernde Schranke, die das eigene Ich in die ethische Entscheidung für den Anderen stellt. Diese Denkform des philosophischen Personalismus wird von Bonhoeffer inhaltlich gefüllt mit dem christlichen Stellvertretungsverständnis. Allein die Stellvertretungstat Jesu Christi am Kreuz konstituiert Stellvertretung als „Lebensprinzip“ der Gemeinde und Kirche im Fürsein und der Fürbitte für den Anderen sowie in der gegenseitigen Sündenvergebung und im gemeinschaftlichen Miteinander. Darum lebt die Kirche - wie Bonhoeffer in den späten Briefen sagt[11] - ihr wesentliches Kirchesein nur als „Kirche für Andere“ und mit Anderen in christlicher Verantwortung und voller Diesseitigkeit. Der „Christus praesens“ manifestiert seine Christusgegenwart durch den heiligen Geist im ökumenischen Dienst der Kirche als vergebendes Wort und verantwortliche Tat.

b. „Die Kirche vor der Judenfrage“: Die Kirche Jesu Christi aus Juden und Heiden

Nachdem Reichspräsident Hindenburg am 30. 1. 1933 Adolf Hitler zum Reichskanzler ernannt hatte, konnte dieser mit dem Ermächtigungsgesetz vom 24. 3. 1933 durch das Gesetz zur Wiederherstellung des Berufsbeamtentums den „Arierparagraphen“ am 7. 4. 1933 einführen. Am 1. 4. 1934 wurde der Aufruf zum Boykott jüdischer Geschäfte erlassen. Bonhoeffer veröffentlichte darauf in den Augusttagen sein protestierendes Flugblatt „Der Arierparagraph in der Kirche“[12], das seinen Vortrag „Die Kirche vor der Judenfrage“[13] zum Hintergrund hat: Der konkreten Judenfrage muss sich die Kirche, „in aller Deutlichkeit“ widersprechend, stellen durch das Fürsein für die Juden. „Die Kirche kann sich ihr Handeln an ihren Gliedern nicht vom Staate vorschreiben lassen. Der getaufte Jude ist Glied unserer Kirche“[14]; er gehört zum Volk Gottes, zur Kirche Christi. „Hier, wo Jude und

11 Anm. 2, Entwurf für eine Arbeit

12 D. Bonhoeffer, Gesammelte Schriften II, hrsg. E. Bethge, München 1965, 62ff

13 Ebd., 44 - 53

14 Ebd., 50

Deutscher zusammen unter dem Wort Gottes stehen, ist Kirche, hier bewährt es sich, ob Kirche noch Kirche ist oder nicht“[15]. Wohl kann die Kirche nicht „unmittelbar politisch handeln“. Wenn jedoch der Staat Ordnung und Recht zerstört, damit sich selbst verneint, ist die Kirche aufgerufen, durch ihren Wächterruf „den Staat als Staat vor sich selbst zu schützen und zu erhalten“[16]. Drei Möglichkeiten kirchlichen Handelns gegenüber dem Staat hat die Kirche: erstens „die an den Staat gerichtete Frage nach dem legitimen Charakter seines Handelns“, „zweitens der Dienst an den Opfern des Staatshandelns“, „die dritte Möglichkeit besteht darin, nicht nur die Opfer unter dem Rad zu verbinden, sondern dem Rad selbst in die Speichen zufallen“: der „status confessionis“ mittelbaren politischen Handelns, wenn der Staat in seiner Recht und Frieden schaffenden Funktion versagt. Bonhoeffer hat später diese Entscheidung für die konspirative Tätigkeit gegen Adolf Hitler und gegen das Naziregime für sich persönlich getroffen. „Die Notwendigkeit des unmittelbaren politischen Handelns der Kirche hingegen ist jeweils von einem 'evangelischen Konzil' zu entscheiden“[17].

Bonhoeffer betont, dass die wahre Kirche, die allein vom Evangelium lebt, durch das ökumenische Geschenk der Taufe grenzüberschreitend Einheimische und Fremde, Nationen, Rassen und Konfessionen verbindet. Zugleich ruft die ethische Schranke des Anderen in die verantwortliche Entscheidung für den Anderen, d. h. konkret für die Juden.

c. Fanö: Der Ruf zum Frieden als ökumenischer Auftrag

Am 2. 8. 1934 starb der Reichspräsident Hindenburg und Adolf Hitler vereinigte das Präsidenten- und Kanzleramt auf seine Person. Die Volksabstimmung vom 19. 8. 1934 brachte 89, 9 % der abgegebenen Stimmen für Adolf Hitler. In diesen Tagen fand die Jugendkonferenz des Weltbundes für Freundschaftsarbeit der Kirchen in Fanö statt (22. - 28. 8. 1934), also nach der ersten Bekenntnissynode der Bekennenden Kirche in Barmen (29. - 31. 5. 1934) und vor der zweiten Bekenntnissynode in Dahlem (19. - 20. 10. 1934), die das kirchliche Notrecht erklärte und damit die trennende Abgrenzung von den „Deutschen Christen“. Der Riß zwischen der deutschen Reichskirche und der Bekennenden Kirche wurde in Fanö durch die „Entschließung zur kirchlichen Lage in Deutschland“ (30. 8. 1934) von der Ökumene bestätigt; Bonhoeffer und Präses Koch wurden als „consultative and cooperated members“ in den ökumenischen Rat gewählt.

Während dieser spannungsvollen Wochen in der evangelischen Kirche in Deutschland, als sich zugleich die forcierte militärische Aufrüstung Nazideutschlands abzeichnete, hielt Bonhoeffer in Fanö (28. 8. 1934) seine berühmte Friedensandacht „Kirche und Völkerwelt“ über Ps 85, 9[18]: Die Ökumene hat nach dem Gebot Gottes

15 Ebd., 53
16 Ebd., 49
17 Ebd., 49
18 GS I, 216 - 219

den theologischen Auftrag, die Völkerwelt zum Frieden zu rufen. „Friede soll sein, weil Christus in der Welt ist, d. h. Friede soll sein, weil es eine Kirche Christi gibt, um deretwillen allein die ganze Welt noch lebt“[19]. Friede nicht allein um der Sicherheit willen, was Mißtrauen einschlösse. „Friede heißt, sich gänzlich ausliefern dem Gebot Gottes“, was in den Auseinandérsetzungen auch den „Weg ans Kreuz“ einschließen kann[20], womit Bonhoeffer schon seinen späteren Weg der Stellvertretung vorgezeichnet sieht. „Wie wird Friede? Wer ruft zum Frieden, dass alle Welt es hört, zu hören gezwungen ist?, dass alle Völker darüber froh werden müssen? Der einzelne Christ kann das nicht - er kann wohl, wo alle schweigen, die Stimme erheben und Zeugnis ablegen, aber die Mächte der Welt können wortlos über ihn hinwegschreiten. Die einzelne Kirche kann wohl zeugen und leiden - ach, wenn sie es nur täte - , aber auch sie wird erdrückt von der Gewalt des Hasses. Nur das eine große ökumenische Konzil der heiligen Kirche aus aller Welt kann es so sagen, dass die Welt zähneknirschend das Wort vom Frieden vernehmen muss und dass die Völker froh werden, weil diese Kirche Christi ihren Söhnen im Namen Christi die Waffen aus der Hand nimmt und ihnen den Krieg verbietet und den Frieden Christi ausruft über die rasende Welt“[21]. Den Frieden Christ zu verkündigen als Grund des Friedens in der Völkerwelt - das ist der Auftrag der Kirchen der ökumenischen Gemeinschaft durch ein „großes ökumenisches Konzil“ an die in der Rüstungsspirale eskalierenden Aggressionspotentiale der Weltmächte.

d. Die Bekennende Kirche und die Ökumene: Ökumenisches Miteinander und Füreinander

Bonhoeffers Pfarramtsdienst in London war zu Ende gegangen (17. 10. 1933 - 15. 4. 1935) - die Londoner Gemeinde hatte sich am 1. 11. 1934 von der deutschen Reichskirchenregierung losgesagt - und die Vikarskurse der Bekennenden Kirche in Finkenwalde unter der Leitung von Bonhoeffer hatte begonnen. Erfahrungen der vita communis des angklikanischen Klosters Kelham wurden hier gelebt; sie finden ihren Niederschlag in Bonhoeffers Schriften „Nachfolge“[22] und „Gemeinsames Leben“[23].

In dieser Zeit schrieb er den Aufsatz „Die Bekennende Kirche und die Ökumene“[24]: Nach der klaren Entscheidung der Ökumene gegen Lehre und Tat des deutsch-christlichen Regimes für die Bekennende Kirche und ihre Vertreter in Fanö stellte Bonhoeffer nun die Existenzfrage und die Bedeutung für einander von Ökumene und Bekennende Kirche.

Die Frage der Bekennenden Kirche an die Ökumene, in der die eine, heilige, ökumenische Kirche je besondere Formen und Gestalten gefunden hat, stellt sich als

19 Ebd., 217
20 Ebd, 218
21 Ebd., 218f
22 D. Bonhoeffer, Nachfolge (1937), München 1976[11]
23 Ders., Gemeinsames Leben (1939), München 1979[16]
24 GS I, 240 - 261

Frage nach der Einheit in der Wahrheit, d. h. dass nicht schon mit der Einheit die Wahrheit gegeben ist[25]. Inklusiv stellt Bonhoeffer die konkrete Frage nach dem Bekenntnis im positiven und abgrenzenden Sinn, damit aber gerade auch nach der eigenen Schuld an der Zerrissenheit der Christenheit, einer Schuld, die zum Sündenbekenntnis ruft.

Die Ökumene wiederum stellt in gleicher Weise die Frage nach dem Bekenntnis an die Bekennende Kirche: „Wie kann das Bekenntnis: Christus allein, Gnade allein, die Schrift allein, wie kann das Bekenntnis der Rechtfertigung aus dem Glauben allein überhaupt anders wahr werden, als indem das Bekenntnis, dass diese ganze Kirche mitsamt ihrer Theologie und ihrem Kultus und ihrer Ordnung allein von der Gnade Gottes und Jesus Christus lebt und der Rechtfertigung bedarf?"[26] Indem die Bekennende Kirche hineingestellt ist in die Ökumene durch Gebet und Gottesdienst, durch theologische und praktische Arbeit, wird die ökumenische Verbundenheit durch die Taufe im Bekenntnis der eigenen Schuld und Angewiesensein auf das Verheißungswort der Gnade Gottes konkret; als „hörende Kirche" auf das Wort Gottes ist sie dann frei für das Hören auf den Anderen"[27] in der ökumenischen Verbundenheit der Kirchen. Ob sich auch die „Hoffnung auf das Ökumenische Konzil der evangelischen Christenheit"[28], das Bonhoeffer immer wieder vor Augen hat, erfüllen wird, lässt er hier offen.

Im gegenseitigen Befragen als Ruf einerseits zum Sündenbekenntnis und andererseits als Ruf zum Bekenntnis des „Christus praesens" und seines rechtfertigenden Handelns aus Gnade allein sind Bekennende Kirche und Ökumene miteinander im Füreinander verbunden.

e. Konspiration – Sigtuna Juni 1942: Verantwortung in Schuldübernahme

Mitte Oktober 1937 wurde das Predigerseminar der Bekennenden Kirche in Finkenwalde polizeilich geschlossen. In einem dramatischen Entscheidungsprozess während seines USA-Besuchs (2. 6. - 27. 7. 1939) hatte sich Bonhoeffer trotz Bleibemöglichkeit in den USA - im täglichen Hören auf das Wort Gottes heiliger Schrift und im beratenden Gespräch mit Freunden und Glaubensgeschwistern - doch für die Rückkehr und verantwortliche Teilhabe an Deutschlands Geschick entschieden. Für Bonhoeffer bedeutete das jetzt die Teilnahme an der konspirativen Tätigkeit gegen Adolf Hitler und der aktive Widerstand gegen das Naziregime. Durch die verwandtschaftlichen Beziehungen zu Hans von Dohnanyi fand er Zugang zum Widerstandskreis um den Chef der Abwehr Admiral Canaris, dann zum „Kreisauer Kreis" um James Graf von Moltke, weiter zum „Freiburger Kreis" und zum Kreis des „20. Juli 1944" um den Leipziger Oberbürgermeister Karl Goerdeler. In die konspirative Tätigkeit brachte er seine ökumenischen Erfahrungen und Kontakte ein, die in dieser Zeit ausgeweitet wurden durch seinen Gastaufenthalt in der

25 Ebd., 251
26 Ebd., 255
27 Ebd., 259
28 Ebd., 261

Benediktinerabtei Ettal. Von der Abwehrstelle in München, die Dr. Schmidhuber leitete, bereitete er die Rettung einer jüdischen Gruppe in die Schweiz für den 5. 9. 1942 vor. Die zweite Reise (29. 8. - 26. 9. 1941) in die Schweiz - die erste (24. 2. - 24. 3. 1941) führte u. a. zu K. Barth - schloss die Gespräche mit leitenden Personen der Ökumene, u. a. mit Visser't Hooft, ein und die getarnten Informationen über die Existenz und die Ziele der Widerstandskreise gegen Hitler-Deutschland in den „Gedanken zu William Paton: The Church and the New Order“[29].

Ein besonderes Schlüsselereignis ist das Zusammentreffen von Bonhoeffer und seinem Freund und ökumenischen Mitstreiter Bischof Bell von Chichester im Ökumenischen Zentrum Sigtuna in Schweden (30. 5. - 2. 6. 1942). Zur selben Zeit weilte auch Dr. Hans Schönfeld vom kirchlichen Außenamt dort. Bonhoeffer überbrachte detaillierte Informationen über die Widerstandskreise mit Namensnennung, damit der Bischof sie an die englische Regierung weiterreiche mit der Bitte, die Widerstandskreise vom Ausland zu unterstützen.

Das Treffen in Sigtuna ist mehrfach dokumentiert: das „Memorandum of Conversation“[30], das Bischof Bell von Chichester unmittelbar nach dem Treffen in Sigtuna dem britischen Außenminister Anthony Eden übergab; nach Kriegsende sein Zeitungsartikel „The background of the Hitler plot“ in „The Contemporary Review“ vom Oktober 1945[31], in der der Bischof der britischen Öffentlichkeit mit der Existenz der Widerstandsgruppen ein Bild vom „anderen“ Deutschland vermitteln wollte; der Vortrag des Bischofs und Freundes Bonhoeffers „The Church and the Resistence Movement“ am 15. 5. 1957 in Göttingen[32].

Mit höchstem Engagement beschrieb Bischof Bell von Chichester das Vermittlungs- und Friedensbemühen, wie der Briefwechsel zwischen 18. 6. und 17. 8. 1942 mit Anthony Eden zeigt[33]; betreffs einer Antwort an Bonhoeffer führten die Bemühungen zunächst nur zur Antwort Edens: „These interesting documents have now been given the most careful examination, and, without casting any reflection on the bona fides of your informants, I am satisfied that it would not be in the national interest for any reply whatever to be sent to them“[34]. Am 14. 1. 1943 einigten sich die Aliierten auf die „Bedingungslose Kapitulation“ Deutschlands; am 13. 3. 1943 erfolgte das versuchte Hitlerattentat Henning von Treskows, am 21. 3. 1943 der Attentatsversuch von Gersdorffs; am 20. 7. 1944 scheiterte der „20. Juli“.

Bonhoeffer wurde am 5. 4. 1943 verhaftet im Zusammenhang von Devisenunstimmigkeiten bei der Rettung einer jüdischen Gruppe unter Vortäuschung von Abwehrtätigkeit des Amtes Dr. Schmidhuber. Erst auf Grund des auch Bonhoeffer belastenden Zossener Aktenfundes vom 22. 9. 1944 wurde er ins Gestapogefängnis in der Prinz-Albrecht-Straße in Berlin überführt. Die Briefe an den

29 Ebd., 356 - 360
30 Ebd., 372ff, 488ff
31 Ebd., 390ff, 503ff
32 Ebd., 399ff, 488f
33 Ebd., 498 - 502
34 Ebd., 384, 499

Freund Eberhard Bethge in „Widerstand und Ergebung" vermitteln ein Bild über Bonhoeffers Tun und Denken, über Anfechtung und Gewissheit, über Theologie und Kirche. Nur erwähnt seien die Verhöre durch Kaltenbrunner, dann in den letzten Kriegstagen der Transport über Buchenwald nach Schönberg im Bayrischen Wald, Bonhoeffers letzte Andacht mit vor allem römisch-katholischen Kameraden und dem russischen Nichtchristen Kokorin am Sonntag Quasimodogeniti über den Wochenspruch 1. Petr 1, 3:"Gelobt sei Gott, der Vater unseres Herrn Jesus Christus, der uns nach seiner großen Barmherzigkeit wiedergeboren hat zu einer lebendigen Hoffnung durch die Auferstehung Jesu Christi von den Toten". Kurz danach wurde Bonhoeffer abgeholt nach Flossenbürg, wo er am 9. 4. 1945 nach einem standgerichtlichen Schnellverfahren ünter Thorbeck, Huppenkothen und dem Lagerkommandanten erhängt wurde zusammen mit Oster, Sack, Canaris, Strunk und Gehre. Der Gruß durch Payne Best an Bischof Bell von Chichester: „Das ist das Ende, für mich der Beginn des neuen Lebens" und das Gebet leitete ihn auf dem Weg zum Schafott: der Weg der Teilnahme an Deutschlands Geschick in Widerstand und Ergebung, der Weg eines exemplarischen Christen als „Beten, Tun des Gerechten und Warten auf die Zeit Gottes"[35] in der vollen Diesseitigkeit und Verantwortung aus dem Geschenk der rechtfertigenden Gnade Gottes.

In den „Ethik"-Fragmenten[36], an denen Bonhoeffer seit September 1940 arbeitete, finden sich die eindrucksvollen Notizen zum „Schuldbekenntnis", das sich im „Stuttgarter Schuldbekenntnis" (19. 10. 1945) evangelischer Kirchenführer vor der ökumenischen Kirchengemeinschaft widerspiegelt, und zur stellvertretenden „Schuldübernahme", die Bonhoeffer gelebt hat. Den Weg des Sünden- und Schuldbekenntnisses und der Schuldübernahme und Buße, den Bonhoeffer für das, was an Terror, Schrecken, Unrecht und Leid in und durch Deutschland unter dem Naziregime geschehen ist, einforderte, wie Bischof Bell von Chichester berichtete[37], ist Bonhoeffer selbst in der persönlichen Entscheidung, „dem Rad in die Speichen zu greifen", gegangen in der Verbundenheit mit der ökumenischen Christenheit.

Bonhoeffers persönlicher Weg christlicher Verantwortung führte in die konspirative Tätigkeit des Widerstandes gegen Adolf Hitler. Er verstand diesen Weg als „stellvertretende Schuldübernahme" und christlichen „act of repentence", der ihn ins Martyrium führte.

3. Das Gedenken an den Märtyrer Dietrich Bonhoeffer lässt uns heute nach den Konstanten seiner ökumenischen Existenz und nach seiner weiterwirkenden ökumenischen Bedeutung fragen.

Ökumenische Arbeit erweist sich für Bonhoeffer als theologische Arbeit nicht von einzelnen, sondern auch von Kirchen auf Grund des Evangeliums, in dem der dreieine Gott in Jesus Christus durch den heiligen Geist Vergebung der Sünden, d. h.

35 Anm. 2, Gedanken zum Tauftag von D.W.R. Mai 1944
36 D. Bonhoeffer, Ethik, München 1992, 128ff, 275ff
37 Ebd., 405

Leben und Seligkeit und Heilung, d. h. weltweite Gemeinschaft der Christen schenkt, die in den verschiedenen Gestalten der Kirche Jesu Christi Glauben leben und bekennen „im Beten, Tun des Gerechten und Warten auf die Zeit Gottes".

Die ökumenische Arbeit im rechten Unterscheiden geschieht um der Einheit der Kirchen willen in Verantwortung vor der sich in Jesus Christus bewahrheitenden Wahrheit und wird gelebt in der konkreten Verantwortung für den Andern und für die Anderen. Im rechten Unterscheiden, d. h. in der „Unterscheidung der Geister", tut die Theologie den ihr eigenen dogmatisch-ethischen Dienst in und gegenüber der Kirche Christi und den Kirchen. Diese theologische Unterscheidungsleistung zeigt sich zum einen in der Distinktion im konträren Sinn zwischen der sich bewahrheitenden Wahrheit in Jesus Christus und der sich selbst verabsolutierenden Ideologie der Menschen, zwischen Glaube und Unglaube, zwischen Sünde und Gnade, zwischen wahrer und falscher Kirche, zwischen Recht und Unrecht, zwischen Gottesdienst und Führerkult, zwischen „Vorletztem" und „Letztem". Hier geht es um den Kampf zwischen Glaube und Unglaube um die Wirklichkeit. Bonhoeffer weiß um den unterscheidenden Gegensatz und die notwendige Trennung um der Wahrheit willen.

Die theologische Distinktionskompetenz zeigt sich zum andern im Unterscheiden ohne zu trennen als Distinktion in der Verbundenheit von Wahrheit und Wirklichkeit des christlichen Glaubens: in der Distinktion zwischen Christus und Welt bei der Verbundenheit in der eine Christuswirklichkeit, in der Unterscheidung von Christus als Haupt der Kirche und „Christus als Gemeinde existierend", in der Distinktion von Gott und Mensch bei der Einheit in Jesus Christus, wahrer Gott und wahrer Mensch, von Stellvertretung Jesu Christi, dem „sacramentum et exemplum", und Stellvertretung der Christen in der Nachfolge Christi durch den heiligen Geist, in der Unterscheidung von Gesetz und Evangelium bei der Einheit des verkündigten Wortes Gottes, in der Unterscheidung und Verbundenheit von einzelnem und Gemeinschaft sowie Individualität und Sozialität des Wirkens des heiligen Geistes, in der Unterscheidung ohne zu trennen zwischen Glauben und Gehorsam, zwischen Gerechtigkeit und Recht, in der Distinktion zwischen ökumenischer Verbundenheit der Kirchen und internationalen Beziehungen ohne sie zu trennen, im Unterscheiden zwischen „Vorletztem" und „Letztem" bei der Verknüpfung in der Grenzzeitlichkeit menschlicher Existenz, im Unterscheiden ohne zu trennen zwischen „Widerstand und Ergebung", „Beten, Tun des Gerechten und Warten auf die Zeit Gottes". Die Urteilskraft dieser theologischen Unterscheidungskompetenz geht dabei für Bonhoeffer aus von der Voraussetzung, dass das Gemeinsame zwischen Christen und christlichen Kirchen größer ist als das Trennende; darum hofft er nicht nur auf ein"evangelisches Konzil", sondern auf ein „ökumenisches Konzil" der christlichen Kirchen angesichts der Konfliktlage und der Herausforderungen der Welt.

Durch die weltweite ökumenische Gemeinschaft und die Einbezogenheit der verschiedenen Kirchen in die Katholizität dieser apostolischen Gemeinschaft lernen die Kirchen von einander, wie Bonhoeffer von der anglikanischen und benediktinischen Spiritualität lernte; im Hören auf das Evangelium und das Gebot

Gottes hören die Kirchen auch aufeinander, lassen sich befragen und zur Umkehr rufen, weisen Grenzen im „status confessionis“, helfen einander im Miteinander und üben im Gehorsam gegen Gottes Gebot Verantwortung für Frieden und Gerechtigkeit in der Welt. Der konziliare Prozeß der Ökumenischen Versammlung in Basel 1989 und Graz 1997 ist hier vorgezeichnet. In der Situation des „status confessionis“, wo es über den Widerstand mit dem Wort des einzelnen und der Kirche geht, kann nur ein „evangelisches Konzil“ wie etwa die Barmer Bekenntnissynode 1934 entscheiden, wie es dann 1981 der Lutherische Weltbund gegen die Apartheit in Südafrika tat. Die Vision eines „ökumenischen Konzils“ für den Frieden in der Welt angesichts ihrer gigantischen Herausforderungen wurde auf der Weltkirchenkonferenz des ÖRK in Uppsala 1968 bekräftigt und findet immer wieder Befürworter.

Bonhoeffers theologisches Denken ist von den Kategorien des Personalismus geprägt: Das glaubende Subjekt wird von dreieinen Gott konstituiert durch den heiligen Geist in der Christusgemeinschaft; die Konstitution des ethischen Subjekts bedarf der Erfahrung des Du des Anderen. So erfährt der Mensch Glück, als Segen Gottes verstanden, in den personalen Beziehungen wie Freundschaft, Ehe, Elternschaft. So widerfährt dem Glaubenden das Heil Gottes in der personalen Gemeinschaft mit dem lebendigen Christus durch den heiligen Geist. Die personalen Beziehungen sind aber - fern jeden Individualismus und Privatismus - in koinonische Beziehungen christlicher Katholizität einbezogen. Gleichursprünglich schafft der heiligen Geist den Glauben des einzelnen und der Gemeinde und Kirche, sodass der einzelne und die Gemeinschaft in Wechselbeziehung zueinander leben, wie auch die verschiedenen Kirchen, in denen Christus es ist, der gegenwärtig das Heil grenzzeitlich auf die endgültige Vollendung hin wirkt und zugleich als Herr der einen Christuswirklichkeit in der Welt sich erweist: seine einmalige und ein für allemal geltende Stellvertretung als „sacramentum et exemplum“ ist das „Lebensprinzip“ der Gemeinde und Kirche, die im Miteinander-Sein sowie in Fürsein und Fürbitte für die Anderen „Kirche für Andere“ und mit Anderen ist in ökumenischer Gemeinschaft und Solidarität mit den Sorgen und Nöten der Welt. Im Stellvertretungsgeschehen liegt die Konstante und der Fokus von Bonhoeffers ökumenischem Denken, Leben und Engagement.

Stellvertretung, der Nukleus seines theologischen und ökumenischen Denkens, hat er als Person gelebt bis zur Schuldübernahme und zum Sterben auf dem Schafott: „eine andere Form“ des mit dem Opfer des Lebens bezeugten Glaubens, wie Papst Johannes Paul II. in „Ut unum sint“[38]sagt.

Am 9. 4. 2005 gedenken wir an den Glauben lebenden Christen Bonhoeffer, ein exemplarischer Ökumeniker und ökumenischer Märtyrer.

38 Anm. 1

„An Jesus gebunden in der Nachfolge"

Dietrich Bonhoeffer – Lehrer evangelischer Spiritualität (Zum 60. Jahrestag seines Märtyrertodes am 9. 4. 1945)

„Wer an Jesus gebunden ist in der Nachfolge, der hat durch ihn den Zugang zum Vater. Damit ist jedes rechte Gebet vermitteltes Gebet. Es gibt kein unmittelbares Beten. Es gibt auch im Gebet keinen unmittelbaren Zugang zum Vater. Nur durch Jesus Christus können wir im Gebet den Vater finden. Die Voraussetzung des Gebets ist der Glaube, die Bindung an Christus. Er ist der alleinige Mittler unseres Gebets. Auf sein Wort hin beten wir. So ist unser Gebet immer an sein Wort gebundenes Gebet", schreibt Dietrich Bonhoeffer in seiner Auslegung der Bergpredigt[1]. Für das wieder aufgebrochene Suchen nach einer evangelischen Spiritualität gibt er auch heute geltende Leitlinien: Dietrich Bonhoeffer „Lehrer des Gebets"[2] im Zusammenhang der ihm eigenen „Frömmigkeit"[3] und Spiritualität[4] als gelebten Glauben - Bonhoeffer gab in den Gefängnisbriefen dem Glauben als cantus firmus den variierenden Dreiklang: "**Beten, Tun des Gerechten und Warten auf die Zeit Gottes.**"[5]

1. Der theologische „cantus firmus".

Kontinuitäten mit verschiedenen Akzentsetzungen[6] in der Mehrdimensionalität der Themata in Bonhoeffers Leben und Lehren, Lebens- und Schriftzeugnis bestimmt so methodisch unsere Entfaltung seiner Frömmigkeit und Spiritualität. Der Bonhoeffer noch unbekannte[7], heutige Container-Begriff Spiritualität[8] findet - ähnlich wie bei

1 Dietrich Bonhoeffer, Nachfolge (1937), 137f.

2 So Albert Altenähr, Dietrich Bonhoeffer, Lehrer des Gebets, Würzburg 1976 und Eberhard Bethge, Dietrich Bonhoeffer. Theologe/Christ/Zeitgenosse. Eine Biographie, München 1967[3]

3 Herbert Rainer Pelikan, Die Frömmigkeit Dietrich Bonhoeffers, Freiburg 1982.

4 Peter Zimmerling, Evangelische Spiritualität, Göttingen 2003, Christian Möller, Der heilsame Riß. Impulse reformatorischer Spiritualität, Stuttgart 2003.

5 Dietrich Bonhoeffer, Widerstand und Ergebung, Gedanken zum Tauftag von D. W. R. Mai 1944.

6 Michael Plathow, Die Mannigfaltigkeit der Wege Gottes. Zu D. Bonhoeffers kreuzestheologischer Vorsehungslehre, in: KuD 26, 1980, 109 - 127; ders., Grenze und Mitte. Systematisch-theologische Überlegungen zu D. Bonhoeffers Pastoraltheologie, in: Pastoraltheologie 71, 1981, 2 – 17.

7 Anfang der 50er Jahre fand der Begriff „Spiritualität" durch Hans Urs von Balthasar und die französische Nouvelle Theologie in der römisch-katholischen Theologie und Kirche Eingang, durch die ökumenische Bewegung auch Anfang der 70er Jahre in die evangelische Theologie und Kirche.

8 Die Variationsbreite der Spiritualitäten heute ist nahezu unübersehbar geworden: kosmologische, mystische, kulturelle, ökologische, politische, feministische, therapeutische usw. Spiritualität; biblische, christliche, evangelische, römisch-katholische, orthodoxe, ökumenische, kabbalistische, buddhistische, sufitische Spiritualität; von Spiritualität der Stille, der Befreiung und von Schöpfungsspiritualität ist die Rede; zur europäisch-mediterranen kommt die afrikanische, lateinamerikanische und fernöstliche Spiritualität. Eine Sehnsucht spricht sich auch in der Fülle der Titel im evangelischen Bereich aus: EKD-Denkschrift „Evangelische Spiritualität", 1979; Gerhard

Martin Luther[9] - von diesem Dreiklang christlichen Lebens seine semantische Prägung:

Christliche Spiritualität wird gelebt in der Wirklichkeit, die durch den Glauben an Jesus Christus als Mitte und Mittler erschlossen ist.

Gegen eine anthropologische, aber auch christologische Verengung bedeutet Spiritualität mit Phil 2, 1f die gelebte Glaubensgemeinschaft mit Jesus Christus durch den heiligen Geist in der gegebenen Schöpfung; Spiritualität ist trinitarisch verortet.

Gegen subjektive Verinnerlichung und singularisierende Individualisierung, gegen vereinnahmende Kollektivierung oder abgrenzenden Kommunitarismus bedeutet Spiritualität Alleinsein und Gemeinschaft in der Geistgemeinschaft, die in der Stellvertretung Jesu Christi, dem „sacramentum et exemplum", ihren Realgrund hat, sich als Lebensprinzip[10] durch den heiligen Geist aktualisiert gleichursprünglich im Glauben des einzelnen und der Gemeinde und die in der sichtbaren Gemeinde und Kirche gelebt wird im stellvertretenden Füreinander-Sein und im Miteinander in der Nachfolge Christi.

Gegen ekklesiogene Abgrenzungen bedeutet Spiritualität die Öffnung für das „Natürliche", die aufgeklärte Vernunft, die moderne Kultur und die verantwortliche Politik.

Gegen Spiritualisierung und Säkularisierung wird Spiritualität, in der Gewissheit des „Letzten", der „Zeit Gottes", in der bewussten Diesseitigkeit des „Vorletzten" und in der Treue zur Erde gelebt.

Bonhoeffers Wirklichkeitsverständnis der relationalen Beziehungen des einzelnen zur Gemeinschaft der Kirche in der Welt ist konstituiert durch Christus; in Christus hat sich der dreieine Gott, in Akt und Sein erschließend, offenbart, wie der Glaube gewiß ist und vertrauend erkennt, anerkennt und bekennt. Der einzelne, die Gemeinde des „Christus als Gemeinde existierend" sowie die ganze Welt sind dem Glaubenden in die eine Christuswirklichkeit hineingenommen. Denn in der personalen Beziehung des einzelnen Ich zum Du, in der sich das Ich vom Du des Anderen her versteht, bleibt in der Begegnung die Schranke zum Ich des Anderen, das fremde und befremdende Du; erst durch die Glaubens- und Geistgemeinschaft mit Christus, in der das eigene Ich und das Du des Anderen gleichförmig werden mit Christus, überwindet Christus als Mitte und Mittler die Schranke des Du und integriert durch den heiligen Geist die einzelnen Glaubenden in die Gemeinschaft der Gemeinde und Kirche, dem Leib dessen, der das Haupt ist. Alleinsein und Gemeinschaft gehören wechselseitig zusammen.

Zugleich ruft das Du des Andern das eigene Ich in die ethische Verantwortung: ins

---

Ruhbach, Theologie und Spiritualität, Göttingen 1987; Hans-Martin Barth, Spiritualität. Bensheimer Hefte 74, Göttingen 1983; Fulbert Steffensky, Feier des Lebens. Spiritualität im Alltag, Stuttgart 1991; Christoph Joest, Spiritualität evangelischer Kommunitäten, Göttingen 1995; Peter Zimmerling, Evangelische Spiritualität, Göttingen 2003; Christian Möller, Der heilsame Riß. Impulse reformatorischer Spiritualität, Stuttgart 2003; ders., Reformatorische Spiritualität, in: DPfBl 104, 2004, 284 - 287; Michael Nüchtern, Himmelsecho. Muster christlicher Spiritualität, Göttingen 2004.

9 Martin Luthers "meditatio, oratio et temptatio" in: WA 50; 658, 29 - 661, 8; BoA 3, 298, 33 - 299, 25.

10 Dietrich Bonhoeffer, Sanctorum Communio. Eine dogmatische Untersuchung zur Soziologie der Kirche (1930), München 1969[3]

Fürsein für den Anderen und ins Füreinandersein. Theologisch begründet ist die Geist- und Glaubensgemeinschaft in der Stellvertretung Jesu Christi; Christi Stellvertretungstat erweist sich als der Quellgrund für das Miteinander und Füreinander im Fürsein, in der Fürbitte und in der gegenseitigen Vergebung. Im Zuspruch der Rechtfertigung des Sünders allein aus Gnade um Christi willen durch den Glauben allein wird sie zugeeignet durch den heiligen Geist. So konzentriert sich Spiritualität auf das verheißende Evangelium, das den Glauben als grundlegendes Vertrauen auf die Wirklichkeit Gottes schenkt, und auf das Gebot Gottes, das durch Anfechtungen hindurch Weisung gibt für das „Beten, Tun des Gerechten und Warten auf die Zeit Gottes".

Das in Jesus Christus vorgegebene und vorgelebte Versöhnungsgeschehen der Stellvertretung und die Für-Struktur zieht sich durch Bonhoeffers Denken und Tun und ist prägend für seine evangelische Spiritualität.

2. Beten.

2.1. Beten als trinitarisches Geschehen.

„Was heißt beten?", fragt Bonhoeffer im „Gemeinsamen Leben"[11]. Er antwortet, indem er auf die Quelle des Betens verweist; beten heißt: "auf Grund des Wortes Gottes beten, auf dem festen Grund des offenbarten Wortes und hat nichts zu tun mit vagen, selbstsüchtigen Wünschen. Auf Grund des Gebetes des wahren Menschen Jesus Christus beten wir. Das meint die Schrift, wenn sie sagt, dass der Heilige Geist in uns und für uns betet, dass Christus für uns betet, dass wir nur im Namen Jesu Christi recht zu Gott beten können". Beten gestaltet sich somit als personale Ant-Wort auf die An-Rede des Wortes Gottes; der Beter wird mit Röm 8, 14 - 27 hineingenommen in das Wirken des dreieinen Gottes; Jesus Christus erweist sich als die Mitte und der Mittler des Betens.

Das Beten der Christen bedeutet personale Kommunikation des Beters mit Gott auf Grund der An-Rede des Wortes Gottes durch den heiligen Geist. Seit seiner Doktorarbeit „Sanctorum Communio" hat die personale Ich-Du-Philosophie Griesebach-Buberscher Provenienz, wie Bonhoeffer sie in den biblischen Zeugnissen wiederfindet, konstitutive Bedeutung für das anthropologische, sozialphilosophische und theologische Denken, d. h. auch für die Spiritualität und somit für das Gebet des einzelnen und der Gemeinde im Namen Jesu Christi. Gebet und Gott wie Wort und Glaube gehören zusammen. Der Bonhoefferschüler Gerhard Ebeling[12] und der Theologe Edmund Schlink[13] verstehen darum die Rede *mit* und *zu* Gott als Voraussetzung des theologischen Redens *von* Gott, damit Theologie nicht in die objektivierende Rede *über* Gott als Es pervertiert. Beten meint auch nicht Reden aus sich selbst, sei es als „selbstsüchtiges Wünschen", als selbstvergewisserndes Gespräch des Ich, als „denkende Teilnahme am Leben", als „Sprung in den Brunnen" eigener Seelentiefe, als schrittweises Ersteigen höherer Bewusstseinsstufen

11 Ders., Gemeinsames Leben (1939), 37.
12 Gerhard Ebeling, Dogmatik des christlichen Glaubens I, Tübingen 1979, 192ff.
13 Edmund Schlink, Ökumenische Dogmatik, Göttingen 1985², 33ff, 451ff.

Areopagitischer Mystik oder fernöstlicher Meditationstechnik.
Schon in der personalen Beziehung von Ich und Du begegnet das eigene Ich dem Du als Schranke des anderen Ich; das eigene Ich begegnet nicht dem Ich hinter dem Du des Anderen. Erst durch Vermittlung wird die Ich-Du-Beziehung zu einer Begegnung mit dem Ich des Anderen.
Das gilt auch für die kommunikative Beziehung des Beters. Beim Beten der Christen erweist Jesus Christus selbst sich als Mittler des Gebets mit und zu Gott, dessen Du überschreitend hin zum Ich-Zentrum, dem Herzen, des Vaters. Denn - wie Martin Luther in der Auslegung des Großen Katechismus in bildlicher Sprache bekennt[14] - in Christus zeigt sich der „Spiegel" des väterlichen Herzens Gottes.
Beten ist ermöglichtes Reden mit und zu Gott dem Vater. Gegen den „Riß"[15] der Sünde zwischen Gott und Mensch ermöglicht Gott selbst durch den heiligen Geist das Beten (Röm 8, 14 - 27). Der heilige Geist als „spiritus gratiae et precum" ist das eigentliche Subjekt des Gebets. So hat der Beter Anteil am Rechtfertigungsgeschehen allein aus Gnade durch den Glauben, das in der stellvertretenden Schuld- und Strafübernahme Jesu Christi ihren realen Grund hat, wie Bonhoeffer in „Sanctorum Communio" betont. In der Nachfolge Christi betet durch den heiligen Geist der Glaubende wie Jesus Christus und mit Jesus Christus das „Abba" (Gal 4, 6; Röm 8, 15) zu Gott, der durch Christus als Mitte und Mittler hinter seinem Du das erbarmend hörende und erhörende Herz in Liebe öffnet.
Der einzelne Beter und die betende Gemeinde wird so in das trinitarische Kommunikationsgeschehen des dreieinen Gottes hineingenommen „sola gratia, propter Christum, per fidem". Mag dem Beter und der betenden Gemeinde das trinitarische Geschehen des Betens nicht unmittelbar bewusst sein, erst im glaubenden Nachdenken verständlich, so gilt doch, dass der heilige Geist der eigenen Kommunikation mit Gott im Namen Jesu immer schon voraus geht.

2.2. Das schriftgebundene Beten.
Beten ist Ant-Wort auf die An-Rede des Wortes Gottes im Hören auf die Schrift durch den heiligen Geist. Der Beter antwortet im Lauschen auf das Zeugnis der Schrift. Das versteht Bonhoeffer unter „meditatio"; wie bei Martin Luther handelt es sich um Schriftmeditation. In der „Anleitung zur täglichen Meditation" etwa gibt er dem Prediger die Weisung: „Ich kann die Schrift nicht anders auslegen, wenn ich sie nicht täglich zu mir selbst sprechen lasse..." Und er rät: „Es ist nicht gut, jeden Tag einen anderen Text zu meditieren, da wir nicht immer in gleicher Aufnahmebereitschaft sind und die Texte meistens viel zu groß sind". Schriftmeditation bedeutet - mit Martin Luther - den Text „immer treiben und reiben, lesen und wieder lesen", die „ruminatio": das Wiederkäuen des Schriftwortes des „verbum externum", durch das der heilige Geist zu uns spricht.
Bonhoeffer lebte, was er hier anderen rät; Lehren und Leben waren in seiner Person exemplarisch verbunden. Das Losungswort der Herrnhuter Brüdergemeinde

14 BSELK 660,41.
15 Christian Möller, Der heilsame Riß. Impulse reformatorischer Spiritualität, Stuttgart 2003, 44ff.

meditierte er täglich und ließ die Worte der Bibellese zu sich sprechen. Eindrucksvoll ist es, wie er sich vom Hören auf die biblischen Weisungen - zusammen mit dem vernünftigen Austausch der Argumente mit Freunden - 1939 dafür entschied, mit einem der letzten Schiffe aus den USA zur „Teilnahme an Deutschlands Geschick" heimzukehren.

Neben der Schriftmeditation und den Liedern Paul Gerhards war ihm der Psalter das Gebetsbuch der Bibel. Christus in den Psalmen und als Beter der Psalmen lässt die Psalmen mit und durch Christus beten. Und im Vaterunser, in dem er mit Friedrich Christoph Oetinger den ganzen Psalter enthalten weiß, erkennt er das eigentliche Gebet und Gebetsmodell der Glaubenden und der glaubenden Gemeinde; von Jesus Christus gelehrt, wird es in der Nachfolge durch Christus mit dem heiligen Geist an den Vater gerichtet. Aber auch eigene Gebete hat Bonhoeffer formuliert, die auch heute gebetet werden wie z. B. die „Gebete für Mitgefangene", besonders das Morgen- und Abendgebet und natürlich das Gedicht „Von guten Mächten".

2.3. Beten – durch Anfechtungen getragenes Reden mit Gott.

Im Hören auf das Wort Gottes als Gesetz und Evangelium erfährt sich der Glaubende als „zugleich Gerechtfertigter und Sünder" in den Grundsituationen der Vergewisserung des angefochtenen Gewissens in Glück und Leid[16], in Gesundung und Krankheit, in Gemeinschaft und Einsamkeit des „Vorletzten" vom „Letzten" her. Wie Martin Luther wußte auch Bonhoeffer um die Anfechtung angesichts der Erfahrung der Verborgenheit Gottes; „Die Unsichtbarkeit Gottes macht uns kaputt."[17] Er kannte die „acedia" und „tristitia"[18], die Gebetsmüdigkeit, die innere Spannung zwischen Eigenbild und Fremdbild bei der Frage „Wer bin ich?", die erst durch Gottes verheißende Zusage „Du bist mein" im Grundvertrauen „Dein bin ich, o Gott" ihre Antwort findet.[19] Er erfuhr das Mitleiden in der Anfechtung mit Christus, der durch sein stellvertretendes Fürsein die eigene „Mitte" und der „Mittler" ist und so in seine Freiheit führt.

Die strukturierte Zeiteinteilung in der „Zucht" geistlichen Lebens hilft da - gegen „Schludrigkeit im geistlichen Leben" - „Ordnung" und „Freiheit" zu verbinden. „Ziehst du aus, die Freiheit zu suchen, so lerne vor allem Zucht der Sinne und deiner Seele, dass die Begierden und deine Glieder dich nicht bald hierhin, bald dorthin führen. Keusch sei dein Geist und dein Leib, gänzlich dir selbst unterworfen, und gehorsam, das Ziel zu suchen, das ihm gesetzt ist. Niemand erfährt das Geheimnis der Freiheit, es sei denn durch Zucht."[20] Der geistlich geregelte Tageslauf, die Gottesdienste im heilsgeschichtlichen Rhythmus des Kirchenjahres - auch in der Gefängniszeit - waren ihm geistliches Geländer. Hinzu kommt die Beichte als „Herz der Seelsorge" und die Feier des Abendmahls in der Gemeinde, in der der Glaubende

16 Michael Plathow, Glück und Leid. Theologisches Bedenken im Anschluß an D. Bonhoeffer, in: ders. Ich will mit dir sein. Kreuzestheologische Vorsehungslehre, Berlin 119-137.

17 Brief an H. Rößler vom 18. 10. 1931 in: GS I, 61.

18 Dietrich Bonhoeffer, Widerstand und Ergebung: Brief vom18. 11. 1943.

19 Ebd., Gedicht „Wer bin ich?".

20 Ebd., Stationen auf dem Wege zur Freiheit: Zucht.

mit 1. Kor 12 und Röm 12 „Christus als Gemeinde existierend" erlebt.
Menschen, hineingenommen in das trinitarische Wirken Gottes, beten zu Gott in Grenzsituationen: das Bittgebet mit dem Schuldbekenntnis[21], mit der Bitte um Vergebung, mit dem Schrei nach Hilfe, mit dem Stammeln nach Trost, mit dem Schweigen erstarrter Suche; die Fürbitte für den nahen Nächsten und fernen Mitmenschen - welch große Bedeutung maß Bonhoeffer persönlich der Fürbitte der Verwandten und Freunde während seiner Gefängniszeit bei! Menschen antworten Gott ebenso in der „Mitte", etwa in den gelingenden Stunden des Lebens[22] mit ihren Gebeten: das Dankgebet mit dem Dank für verdanktes Leben, für Glück und Segen, Gesundheit und Kraft, Freude und Gemeinschaft, - welch eine Freude über „dankbares und verdanktes Leben" bestimmen die Melodie von Bonhoeffers Gefängnisbriefe an den Freund Eberhard Bethge und an die Verlobte Maria von Wedemeier![23] Ihr durchklingendes Thema ist die Gewissheit, dass die eigenen Wege der Weg Gottes mit ihm ist inmitten der „Mannigfaltigkeit der Wege Gottes"[24] selbst in Kreuz und Leid, dass Gott „im Regiment ist" in der persönlichen und in der weltweiten Geschichte.
Darum darf der Beter und die betende Gemeinde zuversichtlich sein, dass der Dank, die Bitte und Fürbitte, das Schuldbekenntnis gehört und erhört wird nach Gottes Willen, u. zw. im Vertrauen auf den Mittler Jesus Christus. Sie beten „auf Grund des Gebetes des Menschen Jesus Christus. Damit aber hat sein Gebet allein die Verheißung der Erhörung gefunden. Weil Christus das Psalmengebet des Einzelnen und der Gemeinde vor dem himmlischen Thron Gottes mitbetet, vielmehr, weil die Betenden hier in das Gebet Jesu Christi miteinfallen, darum dringt ihr Gebet zu Gottes Ohren. Christus ist der Fürbitter geworden. ... und wir dürfen der Erhörung unseres Gebetes gewiß sein, weil es aus Gottes Wort und Verheißung kommt. Weil Gottes Wort seine Erfüllung in Jesus Christus gefunden hat, darum sind alle Gebete, die wir auf Grund dieses Wortes beten, in Jesus Christus erfüllt und erhört."[25]

3. Tun des Gerechten unter den Menschen.

In Bonhoeffers personalphilosophisch geprägtem, biblisch-theologischem Denken erweist sich das Du des Anderen nicht nur als Grenze zu dessen Ich, sondern auch als ethische Schranke, die zur freien Tat für den Anderen herausfordert. Wie Jesus Christus für die Anderen, die Sünder, Armen, Einsamen, Hilfsbedürftigen und Randgruppen eintrat - er der Mittler - , so treten in der Nachfolge die Glaubenden für die Anderen in der Fürbitte und verantwortlichen Tat so ein, dass der Andere ihnen wie Christus wird. Stellvertretung wird zum „Lebensprinzip"[26] der christlichen Gemeinde als „Christus als Gemeinde existierend" und in der Kirche für und mit

21 Vgl. ders., Ethik, München 1949, 47ff. zum Thema „Schuldbekenntnis", wo sich auch das Schuldbekenntnis der Kirche findet, dass für das „Stuttgarter Schuldbekenntnis" vom 19. 10. 1045 Pate stand.
22 Anm. 18, Brief vom 29. 5. 1944, 30. 6. 1944
23 Ebd., Brief vom 10. 8., 14. 8., 23. 8. 1944. Vgl. auch: Michael Plathow, Danken und Dankbarkeit, in: ThBeitr 27, 1996, 274 - 284
24 Ebd., Brief vom 20. 5. 1944; Brautbriefe. Zelle 92, Darmstadt 1993, Brief vom 29. 5. 1944 u. a.
25 Ders., Gemeinsames Leben, 40 und 72.
26 Anm. 10, 103.

Anderen. Freie Verantwortung bis zur „Schuldübernahme“[27] wird vom „Letzten“ her, d. h. in der Gewißheit der Rechtfertigung des Sünders allein aus Gnade, im „Vorletzten“ gelebt: für die unter Gesetzlosigkeit und Unrecht versklavten jüdischen Mitbürger und in der konspirativen Tätigkeit gegen Hitler und das Naziregime, wie Bonhoeffer sie lebte als Teilnahme an Deutschlands Geschick.

Die Tat in der vollen Diesseitigkeit der einen Christuswirklichkeit ist die Verantwortung in der „Freiheit eines Christenmenschen“. „Nicht das Beliebige, sondern das Rechte tun und wagen, nicht im Möglichen schweben, das Wirkliche tapfer ergreifen, nicht in der Flucht der Gedanken, allein in der Tat ist die Freiheit. Tritt aus ängstlichem Zögern heraus in den Sturm des Geschehens, nur von Gottes Gebot und deinem Glauben getragen.“[28] Das Gebot Gottes aber will das Tun des Gerechten unter den Menschen. Dieses wird erfahren als das Leben Förderliche, Zukunft Eröffnende, Freiheit Gewährende auf der Basis der Menschenwürde und Menschenrechte. Es handelt sich nicht allein um die proportionale, um Ausgleich und Symmetrie bemühte Ordnung der austeilenden Gerechtigkeit nach Verdiensten, nicht allein um die ausgleichende Gerechtigkeit durch Tausch mit entsprechenden Gegenleistungen, noch um die konträr zu Bonhoeffers eigenem Verständnis durch den Unrechtsstaat des Dritten Reiches mit der zynischen Verneinung des „Rechts auf das leibliche Leben“[29] und mit der Liquidierung der Menschenrechte pervertierte Gerechtigkeitsdefinition Ulpians „Jedem das Seine“[30], wie der Torspruch des KZs Buchenwald makaber zum Ausdruck bringt.

Es handelt sich um die konkrete Tat liebender Gerechtigkeit, die - Recht und Billigkeit verbindend - aus der Quelle der fremden Gerechtigkeit Gottes als Nächstenliebe gerade an den Schwachen, Entrechteten, Fremden, Behinderten und Kranken getan wird. Die Menschenwürde ist unantastbar, das leibliche Leben ist zu schützen, die Menschenrechte sind zu wahren. Das Schlussdokument der Ökumenischen Versammlung in Basel (15. - 21. 5. 1989) bringt dies treffend zum Ausdruck: „Unzweifelhaft ist Gott der Schöpfer und Gott der Befreier gleichzeitig der Gott der Gerechtigkeit. Wir werden von dem gnädigen Gott in Jesus Christus gerechtfertigt und aufgerufen, für seine Gerechtigkeit zu wirken. Im Alten Testament wird immer wieder die Forderung nach Gerechtigkeit erhoben. Ihr herausragendes Kennzeichen ist dort Sorge und Fürsorge für die Armen und die Fremdlinge, Verteidigung und Forderung ihrer Menschenrechte und das Miteinanderteilen als Grundsatz und praktisches Handeln.“[31] Hier liegt der Grund für Bonhoeffers eigenes Tun des Gerechten bei seiner alltäglichen Arbeit, bei der Rettung jüdischer Mitbürger und beim konspirativen Einsatz für „das andere Deutschland“.

Bonhoeffer kennt aber auch die Grenzen der Tat im Leiden: „Wunderbare Verwandlung. Die starken, tätigen Hände sind dir gebunden. Ohnmächtig einsam siehst du das Ende deiner Tat. Doch atmest du auf und legst das Rechte still und

27 Ders., Ethik, München 1949, 186f.
28 Ders., Widerstand und Ergebung, Stationen auf dem Wege zur Freiheit, Tat.
29 Anm., 27, 102ff.
30 Ebd., 99ff.
31 epd-Dok 14/89, 7, Nr. 31.

getrost in stärkere Hand, und gibst dich zufrieden. Nur einen Augenblick berührtest du selig die Freiheit, dann übergabst du sie Gott, damit er sie herrlich vollende."[32]
Beten und Arbeiten, die verantwortlichen Entscheidungen bis zur Schuldübernahme, Widerstand und Ergebung, die Stationen auf seinem Weg zur Freiheit weiß Bonhoeffer - lex orandi, lex credendi, lex cognoscendi verbindend - von Gott begleitet und von Gottes personaler „Führung" umfangen. Die kreuzestheologische Vorsehung ist ihm wichtig, die in Gottes Herabneigung und Selbstzurücknahme bis in das Leiden und Sterben Jesu Christi am Kreuz ihren Real- und Erkenntnisgrund hat und im Leid wie im Glück der „Führung" Gottes - im Unterschied zum Gesetz des Schicksals - gewiß ist. Am 21. 2. 1944 schreibt er an Eberhard Bethge: „Ich glaube, wir müssen das Große und Eigene wirklich unternehmen und doch zugleich das selbstverständlich - und allgemein - Notwendige tun, wir müssen dem ‚Schicksal' - ich finde das ‚Neutrum' dieses Begriffes wichtig - ebenso entschlossen entgegentreten wie uns ihm zu gegebener Zeit unterwerfen. Von ‚Führung' kann man erst jenseits dieses zwiefachen Vorgangs sprechen, Gott begegnet uns nicht nur als ‚Du', sondern auch ′vermummt' im ‚Es', und in meiner Frage geht es im Grunde darum, wie wir in diesem ‚Es' (Schicksal) das ‚Du' finden, oder mit anderen Worten, wie aus ‚Schicksal' wirklich ‚Führung' wird."[33] Dies geschieht durch den Glauben an den dreieinen Gott, der durch die „Vermummungen" gesetzlichen ‚Schicksals' hindurch sich im Mittler Jesus Christus - Martin Luther spricht wie gesagt vom „Spiegel des väterlichen Herzens"[34] Gottes - seine erbarmende Liebe erschlossen hat und durch den heiligen Geist täglich je neu erweist. So bekennt Bonhoeffer im Glaubenssatz „über das Walten Gottes in der Geschichte": „Ich glaube, dass Gott kein zeitloses Fatum ist, sondern dass er auf aufrichtige Gebete und verantwortliche Taten wartet und antwortet."[35]

4. Warten auf die Zeit Gottes.

Bonhoeffer war sich des Fragmentarischen und Torsohaften menschlichen Lebens in seiner Zeitbegrenztheit und des menschlichen Handelns in seiner Bruchstückhaftigkeit und Unabgeschlossenheit bewusst.[36] Das „Letzte", das Reich Gottes, begrenzt aber nicht nur das „Vorletzte" der Welt, in der wir leben; im Mittler Jesus Christus bricht grenzzeitlich das Reich Gottes ins „Vorletzte" ein und eröffnet als die Mitte der einen Christuswirklichkeit das zukommende „Letzte"[37]. „Christen sind Kinder der Zukunft", der Zukunft Gottes.[38]
„Das Reich Gottes nimmt Gestalt an in der Kirche, sofern die Kirche Zeugnis ablegt von dem Wunder Gottes. Das Zeugnis von der Auferstehung Christi von den Toten, von dem Ende des Todesgesetzes dieser Welt, die unter den Fluch getan ist, von der

32 Anm. 18: Leiden.
33 Ebd., Brief m 21. 2. 1944.
34 BSELK 660, 42.
35 Anm. 18, Nach zehn Jahren.
36 Ebd., Brief vom 23. 2. 1944.
37 Ebd., Brief vom 30. 4. 1944; ders., Ethik, München 1949, 79ff.
38 Ders., Akt und Sein, München 1988, 161.

Macht Gottes in der neuen Schöpfung, ist das Amt der Kirche."[39] Die Hoffnung der Christen wird durch das Evangelium von der rechtfertigenden und heiligenden Gnade Gottes in Jesus Christus schon zur Gewissheit auf die endgültige Vollendung im Reich Gottes hin.

Das Reich Gottes nimmt auch „Gestalt an im Staat, sofern der Staat die Ordnung der Erhaltung des Lebens anerkennt und wahrt; sofern er sich verantwortlich weiß, diese Welt vor dem Auseinanderbrechen zu bewahren und hier gegen die Zerstörung des Lebens seine Autorität geltend zu machen."[40]

Beide Gestalten sind aber noch im Raum des „Vorletzten" verortet und stehen unter dem eschatologischen Vorbehalt des „Letzten" durch Gottes Gericht und Gnade. Das Reich Gottes bricht in der einen Christuswirklichkeit im „Vorletzten" an, begrenzt vom „Letzten" des neuen Himmels und der neuen Erde, wo alles Fragmentarische und zeitlich Begrenzte abgestreift wird und in seiner vollendeten Ganzheit in der „Zeit Gottes" geschaut wird. Gegen die „Hinterwelt" religiöser Weltflucht und gegen eindimensionalen Säkularismus gibt Bonhoeffer mit den biblischen Zeugnissen in der Bitte „Dein Reich komme" Rechenschaft von der christlichen Hoffnung auf die Auferstehung der Toten und das ewige Leben durch das Wirken des dreieinen Gottes, in das die Glaubenden durch das Gebet schon hineingenommen sind.

Beten, Tun des Gerechten unter den Mensch und Warten auf die Zeit Gottes – in diesen „Stationen" auf dem Weg der „Freiheit eines Christenmenschen" oder - besser gesagt - des Glaubens fasst Bonhoeffer zusammen, was mit evangelischer Spiritualität gemeint ist. Eberhard Bethge schreibt dazu: „Darin ist das Erbe, das wir heute mit Bonhoeffer haben, gerade so reich, dass es die dynamische Balance lehrt und im eigenen Beispiel personifiziert, wie die eine Komponente die andere vor ihren Gefahren schützt:

Das „*Tun* des Gerechten unter den Menschen" bewahrt das „Beten" vor einer Flucht in selbstgenügsame Frömmigkeit. Das „*Beten*" bewahrt das „Tun des Gerechten unter den Menschen" vor Selbstgerechtigkeit.

Das *Tun* des Gerechten bewahrt das Beten vor der Heuchelei, die zu allen Zeiten die Kinder der Welt an den Frommen entdeckten. Das *Beten* bewahrt das Tun des Gerechten vor der fanatischen Ideologisierung, an der Veränderer zu schlechten Vertretern ihrer eigenen Sache werden.

Das *Tun* des Gerechten bewahrt das Beten vor dem Pessimismus.

Das *Beten* bewahrt das Tun des Gerechten vor der Resignation.

Tun hält Beten in der Wirklichkeit, *Beten* hält Tun in der Wahrheit."[41]

Ergänzt sei:

„*Warten* auf die Zeit Gottes" bewahrt das „*Tun* des Gerechten" vor Selbstverschließung ins „Vorletzte" und das „*Beten*" vor selbstsüchtigem Wunschdenken.

39 Ders., Dein Reich komme (1932), in: ders., Beten mit der Bibel, Hamburg 1970, 29.

40 Ebd., 29.

41 Eberhard Bethge, Beten und Tun des Gerechten, in: ders., An gegebenen Ort. Aufsätze und Reden, München 1975, 47.

Tun des Gerechten und *Beten* bewahrten das *Warten* auf die Zeit Gottes vor religiöser Weltflucht. *Tun* des Gerechten - in seiner Bruchstückhaftigkeit und Schuldbelastung - bleibt dem rechtfertigende Urteil Gottes und seiner Vollendung im „Letzten" anvertraut. *Beten* - als Schuldbekenntnis, Bitte, Fürbitte und Dank - wird schon getragen von der hoffnungsvollen Gewißheit der Erhörung und seiner Erfüllung im „Letzten" des Reiches Gottes.

So sind Beten, Tun des Gerechten unter den Mensch und Warten auf die Zeit Gottes aufeinander bezogen wie „*Vorletztes*" und „*Letztes*". Das „Vorletzte" wird vom „Letzten" bestimmt und das „Letzte" manifestiert sich schon im „Vorletzten", um es im Reich Gottes zu vollenden durch Gottes Gericht und Gnade.

Das sind Impulse für gelebten Glauben evangelischer Spiritualität auch heute.

„DIE NACHT VON FLOSSENBÜRG“

Einführung zu einer Aufführung der Theatergruppe „Vorhang auf“
im Ph. Melanchthon Haus in Leimen am 1. 3. 2008

„Die Kirche muss aus ihrer Stagnation heraus, wir müssen wieder in die freie Luft der geistigen Auseinandersetzung mit der Welt. Wir müssen es auch riskieren, anfechtbare Dinge zu sagen. Wenn dadurch nur lebenswichtige Fragen aufgerührt werde“, schreibt er am 3. August 1944 an seinen Freund und fügt den „Entwurf für eine Arbeit“ zur Zukunft der Kirche und Kirche der Zukunft bei mit dem Wunsch: „Ich hoffe damit, für die Zukunft der Kirche einen Dienst tun zu können“. Er, dem in seiner theologischen, pastoralen und politischen Existenz sich die Kirche Jesu Christi als „Gemeinschaft der Heiligen“ in der Nachfolge „für andere“ in Gemeinde und Gesellschaft erweist, schrieb diese Zeilen in kritischen und bedrängenden Tagen. „Beten, Tun des Gerechten und Warten auf die Zeit Gottes“ bestimmten seine Lebensgeschichte und ließen ihn „Rechenschaft“ geben von der Hoffnung, die in ihm ist, durch die Gottesgewissheit, der „mit uns ist am Abend und am Morgen und ganz gewiss an jedem neuen Tag“. Ich sprechen von Dietrich Bonhoeffer.
In Karlheinz Komms Theaterstück „Die Nacht von Flossenbürg“ vor fast 64 Jahren werden wir an die Stunden des „Christen, Theologen, Zeitgenossen“ kurz vor seinem Gang zum Schafott erinnert; als Widerständler gegen A. Hitler und gegen das terroristische Regime wurde er durch die Nazijustiz Freislers, Kaltenbrunners und Huppenkothens im Schnellverfahren zum Tode verurteilt. Erst in den 90er Jahren wurde er rehabilitiert.
Er machte den Mund auf für die Juden; er griff dem Rad der in den Abgrund rasenden Diktatur Hitlers in die Speichen; er war da für den Anderen und die Anderen. Bonhoeffer war sich des Bruchstückhaften und Fragmentarischen des Tuns, des Denkens und des Erarbeitens von uns Menschen bewusst. Doch ist - wie er einmal schrieb - der Torso unseres Lebens auf ein Ganzes hin angelegt, so widerfährt unserem Leben durch Gottes Gnade ein Gelingen im „Letzten“ durch Gottes Zusage „Du bist mein“, das alle Dissonanzen, Unstimmigkeiten und Widersprüche überliebt. Auf den cantus firmus, der in allen Variationen unserer Lebensmelodien hindurch klingt, kommt es an. In anderer Ausdrucksgabe würden wir vielleicht sprechen von der Perspektive durch ein christliches Menschen- und Wirklichkeitsverständnis mit einer neuen Werteorientierung. Zur Dominanz des Ökonomismus und Monetärismus im Spannungsfeld von Freiheit und Sicherheit würde Bonhoeffer vermutlich einiges uns sagen.
Der cantus firmus von Bonhoeffers Lebensweg, der - bei allem Bruchstückhaften - die Konsonanz von Denken und Leben, Sein und Wollen, Glauben und Leben,

Theologie und Kirche stimmen lässt, ist die bedachte und gelebte Freiheit des Glaubens in der verantwortlichen Tat. Bonhoeffer lebte aus und mit der täglichen Bibellese und dem Losungswort der Herrnhuter Brüdergemeine, im Gespräch mit Freunden und durch rationales Kalkulieren hindurch traf er betend die Entscheidungen. So kehrte er noch auf einem der letzten Schiffe kurz vor Ausbruch des II. Weltkrieges aus den sicheren USA heim zur „Teilnahme an Deutschlands Geschick". Als evangelischer Christ in „Widerstand und Ergebung" schritt er nach einem Schnellgerichtsurteil zum Schafott in der Gewissheit des „neuen Lebens", wie er dem anwesenden Arzt sagte. Ein exemplarischer Christ in seiner Zeit, ein politischer Heiliger, ein Märtyrer war er, der - wie gesagt - erst in den 90er Jahren des zurückliegenden Jahrhunderts rehabilitiert wurde.

An Hand von vier Thesen möchte ich kurz den cantus firmus seines Denkens skizzieren und damit die Voraussetzungen für das Theaterstück „Die Nacht in Flossenbürg" sowie für das nachhaltige Wirken von Bonhoeffers Lebenwerk beschreiben. Die einzelnen Thesen haben den Charakter von Weisungen:

a. Verantwortung als ethische Beziehung des Ichs zum Du des Anderen leben.
„Alles Leben ist Begegnung", sagt M. Buber in seinem bekannten Buch „Ich und Du". Für D. Bonhoeffer - von Griesebach her - hat die personale Beziehung zwischen dem eigenen Ich und dem Du des Anderen grundlegende Bedeutung für das gesellschaftliche und gemeindliche Zusammenleben; dabei kennt auch er die Pervertierung der Ich-Es-Beziehung, die das Du des Anderen im Benutzen instrumentalisiert, und ebenfalls weiss er um die Grenze zwischen dem eigenen Ich und dem anderen Du. Die Grenze erweist sich für das eigene Ich als das in der ethischen Tat überwundene Fürsein für das Du des Anderen. Das Du wird somit der ethische Anspruch an das eigene Ich. Diese ethisch zu verantwortende Beziehung wird gelebt in der Gemeinschaft als Sinngemeinschaft; D. Bonhoeffer unterscheidet sie mit F. Tönnies von der zweckgerichteten Gesellschaft. Die so verstandene Gemeinschaft als Sinngemeinschaft könnten wir heute als Wertegemeinschaft bezeichnen auf der Basis der unantastbaren Menschenwürde und der unveräußerlichen Menschenrechte. Gegen den Individualisierungstrend, der Eigennutz dem Gemeinwohl konträr sein lässt, wendet sich D. Bonhoeffer.

b. Die christliche Gemeinde als „Christus als Gemeinde existierend" aktualisiert sich mit dem Lebensprinzip der Stellvertretungs für und mit einander.
Wir alle machen die Erfahrung, dass unser Zusammenleben auf dem Prinzip der Stellvertretung beruht; Stellvertretung ist dabei zu unterscheiden von Ersatz. Zum Beispiel backt der Bäcker das Brot für mich und ich als Lokführer lenke den Zug mit ihm an den geplanten Bahnhof. Der Lehrer unterrichtet meine Kinder in den Fächern mit Verwertungs- und Orientierungswissen und ich als Arzt diagnostiziere sein Krankenbild und leite therapeutische Heilungsprozesse ein. D. Bonhoeffer denkt diesen Tatbestand noch weiter: er hat Akte von Zivilcourage vor Augen, er denkt an

die Mutter, die eine Niere ihrem an die Dialyse geketteten Sohn spendet; er verweist auf den jungen Mann, der unter Gefahr für das eigene Leben die Ertrinkende rettet. Und Bonhoeffer selbst nimmt die Schuld des aktiven Widerstandes bis zum Tyrannenmord auf sich, um dem in den Abgrund rasenden Wagen in die Speichen zu fallen und dem verbrecherischen Treiben des Naziregimes ein Ende zu bereiten.
Der christlichen Gemeinde Grund und Mitte ist mit den biblischen Zeugnissen für Bonhoeffer Jesus Christus, d. h. dessen ein für allemal geltende Stellvertretungstat in Kreuz und Auferstehung. In der Nachfolge Jesu Christi, Gottes eingeborenem Sohn unserm erstgeborenen Bruder, erweist sich als Lebensprinzip die Stellvertretung im Miteinander und Füreinander der Gemeinde: Stellvertretung im Fürsein für den Anderen, im fürbittenden Gebet, im Wort der Vergebung und letztlich auch in der stellvertretenden Schuldübernahme, wie Bonhoeffer selbst seinen Schritt in den aktiven Widerstand gegen A. Hitler verantwortete. Konkret ist damit sein Kampf gemeint gegen das Unrechts- und Gewaltregime mit seinen Schrecken und Vernichtung bringenden Folgen für Juden, Sinti, Roma, Christen der verschiedenen Kirchen und politisch Oppositionellen, für Soldaten, Zivilbevölkerung, Flüchtlinge, Kriegsdienstverweigerer. Stellvertretung als Lebensprinzip der christlichen Gemeinde aus dem Hören auf das Evangelium mit den Gaben der Taufe und dem Abendmahl lässt die Glaubensgemeinschaft auch in ihrer soziologischen Gestalt sichtbar werden in der Welt.

c. Die christliche Gemeinde erweist sich als Kirche für andere in der Welt.
Die christliche Gemeinde lebt nicht für sich selbst, sondern in der Welt mit und für die Menschen in der Welt. Weltwirklichkeit und Christuswirklichkeit sind nicht zu trennen, weil die Weltwirklichkeit in die Christuswirklichkeit hinein genommen ist, weil „Kirche für andere" die Anderen, die die Zusage des Evangeliums in Wort und Tat brauchen und erfahren, in der einen Christuswirklichkeit da sind.

d. Evangelischem Glauben ist Öffentlichkeit eigen
Evangelischer Glaube ist keine Privatsache, schamhaft verinnerlicht vor anderen. Vielmehr ist er - wie M. Luther sagte - „mutig und keck" durch die vernünftige Vernunft hindurch zu bezeugen als das im Rechtfertigungsglauben gründende neue Menschen- und Weltverständnis, u. zw. in den Öffentlichkeiten. Evangelische Christen leben aus dem Hören auf das Wort heiliger Schrift „im Beten, Tun des Gerechten und Warten auf die Zeit Gottes" mit und für den Anderen und die Anderen. Öffentlich verantworten sie ihren Glauben.
Auf diesem Hintergrund spricht das Theaterstück „Die Nacht von Flossenbürg" zu uns heute. Das Theaterstück zeigt Bonhoeffers Weg des Fürsein und der Fürbitte für Andere, die Schuldübernahme für die anderen Menschen in Deutschland. Es ist im letzten - wie der englische Freund Bonhoeffers Bischof Bell von Chichester nach dem Krieg bekannte - ein Akt der Buße, „an act of repentance" dieses Vertreters des „anderen Deutschlands".

So erinnert D. Bonhoeffer uns daran:
a. Christsein und Christwerden wird gelebt im „Beten, Tun des Gerechten und warten auf die Zeit Gottes".
b. Theologie und Kirche sind aufeinander bezogen. In Verantwortung für die Zukunft der Kirche hat die Theologie immer neu den Glauben ins Denken zu bringen und in Sprache zu fassen..
c. Kirche Christi erweist sich als Kirche, wenn sie „für Andere" da ist.
d. Die Verantwortung der Christen und Bürger gilt - gegen jede die Würde des Menschen pervertierenden gesellschaftlichen Ideologie und politischen Zielsetzung oder Entscheidung - der Verantwortung für die Gestaltung des freiheitlich demokratischen Rechtsstaates, der seine Wurzel in der „Würde des Menschen" als Ebenbild Gottes mit den unveräußerlichen Menschenrechten (GG Art. 1 – 19) hat, der damit von Voraussetzungen lebt, die er sich nicht selbst gegeben hat und nicht geben kann, und dessen Werte aus dem christlich-jüdischen Ethos hervorgehen.

Karlheinz Komms Theaterstück „Die Nacht von Flossenbürg" möge uns daran erinnern.

Dietrich Bonhoeffer und Reinhold Niebuhr – eine transatlantische Beziehung

„Alles Leben ist Begegnung“ (M. Buber), Begegnung des Ich mit einem Du, personale Begegnung zwischen einem Ich und einem Du, das in der Andersheit des eigenen Ich Grenze bleibt. Im ethischen Zugehen des Ich in Wort und Tat wird die Grenze zum Du überschritten und beiderseits als personale Beziehung gelebt und erfahren.

Durch W. Griesebach war D. Bonhoeffer in seinem theologischen Denken vom philosophischen Personalismus beeinflusst. Auch sein eigener Lebensstil war von persönlichen Begegnungen und freundschaftlichen Beziehungen geprägt, denkt man etwa an die Freundschaft mit dem Bruder der Bekennenden Kirche E. Bethge, mit dem Pazifisten J. Laserre, mit dem Niebuhrschüler P. Lehmann und eben an die Kontakte und die Beziehung D. Bonhoeffers mit dem Professor am Union Theological Seminary in New York R. Niebuhr. In ihrer Weise besonders waren D. Bonhoeffers Kontakte und Beziehungen mit dem bekannten öffentlichen Theologen, dem kritischen Sozialethiker, dem wichtigen Berater amerikanischer Regierungstellen vor, während und nach dem II. Weltkrieg. Seine politisch-ethischen Grundansichten wirkten etwa auf Adlai Stevenson[1], den Gegenkandidaten von Präsident D. Eisenhower, auf Präsident J. Carter[2] und auch auf B. Obama[3] und nachhaltig in den Theologien und Kirchen in den USA. In Deutschland wird sich neu an ihn erinnert[4].

Es sollen (I) die Kontakte zwischen D. Bonhoeffer und R. Niebuhr skizziert und sodann (II) die theologischen Beziehungen zwischen beiden dargestellt werden.

I. Kontakte zwischen D. Bonhoeffer und R. Niebuhr

Vier Kontaktphasen lassen sich ausmachen: die frühe Phase kritischer Sympathie zwischen dem Studenten und Professor, eine Zwischenphase brieflicher Kontakte als Kollegen, die entscheidungsvollen Wochen verantwortlicher Empathie, schließlich R. Niebuhrs persönliches Gedenken an D. Bonhoeffer nach dem II.Weltkrieg.

1. Kritische Sympathie zwischen dem Studenten und dem Professor

D. Bonhoeffer begegnete R. Niebuhr während seines Auslandsstudiums 1930/31 am

1 Jack M. Holl, Dwight D. Eisenhower, in: Mark J. Rozell/Gleaves Whitney (Ed.), Religion and the American Presidency, New York 2012, 120f

2 Jeff Walz, Jimmy Carter and the Politics of Faith, in: ebd., 161

3 Nina-Dorothee Mützlitz, Grenze der Freiheit. R. Niebuhrs theologisch-politischer Beitrag für eine demokratische Gesellschaft, in: Dietmar Schössler/Michael Plathow (Hgg.), Öffentliche Theolgie und internationale Politik. Zur Aktualität Reinhold Niebuhrs, Wiesbaden 2013, 127f

4 Vgl. die verschiedenen Beiträge in Anm. 3

New Yorker Union Theological Seminary. Der gesellschaftspolitisch engagierte Pastor R. Niebuhr war 1928 als Professor „of applied Christianity“ an die liberal geprägte Hochschule berufen worden, an der D. Bonhoeffer 1930/31 als „Sloane-Fellowship“-Stipendiat studierte. Die persönlichen Beobachtungen und Eindrücke zur theologischen und kirchlichen Situation in den USA schildert D. Bonhoeffer im „Bericht über meinen Studienaufenthat im Union Theological Seminary zu New York 1930/31“ für das Kirchenbundesamt[5]. Besonders erwähnt seien zum einem D. Bonhoeffers durch Frank Fischer eingefädelte Besuche in der Harlemer Gemeinde schwarzer Baptisten, die Lebendigkeit dieser Gemeinde und die herausfordernden Probleme der Rassentrennung, die D. Bonhoeffer zu innerst bewegten. Zum andern wird D. Bonhoeffers kritische Distanz zur Mehrzahl amerikanischer Theologen und ihrer Denkweise deutlich. Andererseits wurde D. Bonhoeffers - bei seiner kontaktfreudigen Art - von der Offenbarungs- und Rechtfertigungstheologie bestimmten Denkstil bisweilen als etwas arrogant angesehen[6]. Sein Seminarreferat „The Theology of crisis and its attitude towards philosophy and science“[7] brachte ihm den Ruf eines „Barthianers“. D. Bonhoeffer seinerseits notierte bloß die Anfangssätze einer Vorlesung R. Niebuhrs; das war für eine Charakterisierung genug: „Religion is the experience of the holy transcendent experience of Goodness, Beauty, Truth and Holiness“[8]. Dabei ist R. Niebuhr - zusammen mit seinem Bruder H. Richard Niebuhr und einigen anderen - als Gegner anzusehen einer religiös geprägten, vom sozialpolitischen Fortschrittsoptimismus geleiteten Theologie der dynamischen Realisierung des Reiches Gottes in Amerika; auch zum „social gospel“ ging er auf Distanz. Sein Bruder H. Richard Niebuhr brachte die Kritik zugespitzt auf den Punkt: „ Ein Gott ohne Zorn leitete Menschen ohne Sünde in ein Reich ohne Gericht durch die Vermittlung eines Christus ohne Kreuz“[9]. Die Kritik D. Bonhoeffers vermutete in den genannten Anfangssätzen der Vorlesung R. Niebuhrs eine natürliche Theologie angezeigt, die die auf Transzendenz angelegte menschliche Natur mit der Freiheit des Menschen in soziologischen Erkenntnisprozessen religiös einholen will. Damit traf D. Bonhoeffer nicht die paulinisch-augustinisch-lutherisch-kierkegaardschen Einflüsse in R. Niebuhrs Theologie, wie wir sehen werden.

Professor R. Niebuhr wiederum notiert zu D. Bonhoeffers Seminararbeit „The religious experience of grace and ethical life“[10] mit der These, dass der Gott der Führung nur aus der Rechtfertigung des Sünders allein aus Gnade erschlossen wird: „... in making grace as transcendent as you do, I don't see, how you can ascribe any ethical significance to it ...“[11]; es fehle die ethische Konkretion einer gesellschaftlich verantworteten Theologie. In der Folge lernt D. Bonhoeffer vom politischen Sozialethiker R. Niebuhr und seinen soziologischen Analysen mit ihren ethischen Konkretionen. Darüber hinaus nahm D. Bonhoeffer mit teilnehmendem Interesse an

5 DBW X, 262 - 282
6 Remembering R. Niebuhr. Letters of Reinhold and Ursula Niebuhr, ed. Ursula M. Niebuhr, San Francisco 1989, 9
7 DBW X, 434 - 449
8 E. Bethge, Dietrich Bonhoeffer. Eine Biographie, München 1967^3, 198
9 H. Richard Niebuhr, Der Gedanke des Gottesreiches im amerikanischen Christentum (1937), New York 1948, 140
10 DBW X, 416 - 423
11 Ebd., 423; vgl. auch Richard Wightman Fox, Rinhold Niebuhr. A biography, San Francisco 1987, 125

R. Niebuhrs Seminar „Religious aspects of contemperary philosophy“ und der Literaturanalyse farbiger Schriftsteller teil; er schrieb einen Seminarbericht über Johnsons, „Autobiography of an excolored man“[12]. Fest zuhalten ist dabei, dass in der Kritik an der Diskriminierung der Farbigen und auch am „social gospel“[13] Übereinstimmung zwischen Professor R. Niebuhr und dem Sudierenden D. Bonhoeffer bestand.

2. Zwischenphase brieflicher Kontakte als Kollegen

Viele Aufgaben erwarteten D. Bonhoeffer in den politisch und kirchlich turbulenten Jahren nach dem Auslandsstudium in Amerika: Lehrauftrag an der Berliner Humboldt-Universität, Ordination ins geistliche Amt am 15. 11. 1931, Studierendenseelsorge und Gemeindetätigkeit in Berlin-Wedding. Hinzu kam die Arbeit im Internationalen Weltbund für Freundschaftsarbeit und in der Ökumene für praktisches Christentum „Life and Work“, die Tagungen in Cambridge (1. - 3. 9. 1931), Cernohorske Kupele (26. 7. 1932), Gland (25. - 31. 8. 1932) und Sophia (15. - 20. 9. 1933). Bonhoeffers Leben fand Gestalt durch diese Aktivitäten inmitten der politischen Auseinandersetzungen des Jahres 1933[14]: Straßenkämpfe und Mordanschläge zwischen braunen und roten Schlägertrupps; am 30. 1. 1933 wurde A. Hitler durch den Reichspräsidenten P. v. Hindenburg zum Reichskanzler ernannt; auf den Reichstagsbrand am 27./28. 2. 1933 folgte P. v. Hindenburgs „Verordnung zum Schutz von Volk und Staat“; am 24. 3. 1933 kam es zum „Ermächtigungsgesetz“ A. Hitlers und am 7. 4. 1933 wurde die „Ariergesetzgebung“ erlassen.
Gleich am 1. 2. 1933, also am Tag nach der Ernennung A. Hitlers zum Reichskanzler, wurde eine Rundfunkrede Bonhoeffers „Wandlungen des Führerbegriffs in der jungen Generation“[15] vorzeitig von der Sendeleitung abgeschaltet. Sein Aufsatz „Die Kirche vor der Judenfrage“[16] erschien am 15. 4. 1933, das Flugblatt „Der Arierparagraph in der Kirche“ im August 1933[17]; weitsichtig zeichnete D. Bonhoeffer die verschiedenen Beziehung von Kirche und Staat auf bis zu dem Letztschritt, dem auf den Abgrund zu rollenden Staat „in die Speichen“ zu fallen.
Die innerkirchlichen Spannungen zwischen „Deutschen Christen“ und „Bekennender Kirche“ führten zur Gründung des Pfarrernotbundes am 6./7. 9. 1933 und eskalierten in der Wittenberger Nationalsynode am 27. 9. 1933.
D. Bonhoeffers Kontakte mit R. Niebuhr waren in dieser Zeit spärlich. Nur in einem Empfehlungsschreiben an R. Niebuhr für seinen Vetter Klaus-Christoph v. Hase zu einem Studienaufenthalt am Union Theological Seminary in New York teilte D. Bonhoeffer mit, dass gesellschaftspolitisch „eine grauenhafte kulturelle Barbarisierung“ herrsche und dass der Weg der Kirche „so dunkel wie selten vorher“ ist.[18]

12 DBW X, 391f
13 DBW XII, 206
14 Vgl. Anm. 8, 268 - 278
15 D. Bonhoeffer, Gesammelte Schriften II, München 1959, 19ff
16 Ebd., 44ff
17 Ebd., 62ff
18 DBW XII, 50f

D. Bonhoeffer tat dann den Dienst in der deutschen Auslandsgemeinde in London mit den vielseitigen Herausforderungen durch Flüchtlinge und Emigranten aus Deutschland; am 17. 10. 1933 zog er ins Pfarrhaus im Vorort Forest Hill ein. Im Brief vom 13. 7. 1934 berichtete er R. Niebuhr von seiner Flüchtlingsbetreuung und er bat um kollegiale Hilfe für den Aufenthalt einzelner Asylanten in den USA; besonders Armin T. Wagner hat er vor Augen. Ferner beklagte er die Kurzsichtigkeit in der Heimatkirche und forderte die Trennung von der „Müllerkirche". Zudem notierte er: „Es ist jetzt der Zeitpunkt gekommen, wo aufgrund einer bis zu einem gewissen Grad wieder hergestellten reformatorischen Theologie" - er denkt an die Barmer Theologische Erklärung vom Mai 1934 - „die Bergpredigt - ... - wieder in Erinnerung zu bingen ist"[19]. Bonhoeffer hatte Arbeiten für die"Nachfolge"[20] im Blick. Weiter erzählte er von Plänen für eine Reise nach Indien zu M. Gandhi; von diesen riet ihm dann der realistisch denkende R. Niebuhr ab, weil passiver Widerstand gegen das Naziregime - anders als Gandhis gegen die Engländer - zum Scheitern verurteilt ist[21]. Schließlich erwähnte er, dass er R. Niebuhrs Buch „Moral Man and Immoral Society" (1932), das der Freund P. Lehmann ihm zukommen liess, „mit größtem Interesse" halb gelesen habe.[22]

3. Entscheidungsvolle Wochen verantwortlicher Empathie

Von verantwortungspolitischer und emotionaler Spannung geladen waren die Umstände um D. Bonhoeffers Kurzaufenthalt 1939 in Amerika mit der vorzeitig-plötzlichen Rückkehr zur "Teilnahme an Deutschlands Geschick". R. Niebuhr war in das ganze Geschehen involviert.

R. Niebuhr, bekannter Theologe in den USA und in der weltweiten Ökumene, gehörte, sozial engagiert wie er war, parteipolitisch den Demokraten an. Er war Gründer und Herausgeber der Zeitschriften „Radical Religion" und „Christianity and Crisis". An der ökumenischen Weltkonferenz für „Life and Work" in Oxford 1937 nahm er entscheidend teil wie dann auch an der Ersten Weltkonferenz des Ökumenischen Rates der Kirchen in Amsterdam 1948, auf der er u. a. den Vortrag „Das christliche Zeugnis für die Ordnung der Gesellschaft und des natioalen Lebens" hielt[23]. Als entschiedener Gegner der Nationalsozialisten befürwortete er, Berater amerianischer Regierungsstellen, den Eintritt der USA in den Krieg gegen Nazi-Deutschland.

Während eines Englandaufenthaltes anlässlich der ehrenvollen „Gifford Lectures" zum Thema „The Nature and Destiny of Man" in Edinburgh (24. 4. - 15. 5. 1939) trafen sich D. Bonhoeffer und R. Niebuhr in Sussex. D. Bonhoeffer schilderte R. Niebuhr seine schwierige, auf eine Entscheidung hin drängende Situation: Musterung zum Militär- und Kriegsdienst mit Eid auf A. Hitler, bei Verweigerung höchste

19 DBW XIII, 169f

20 D. Bonhoeffer, Nachfolge, in: DBW IV , München 1989

21 Anm. 18, 169 Anm. 1

22 Ebd., 171

23 M. Plathow, Reinhold Niebuhr und die Weltkirchenkonferenz in Amsterdam 1948, in: D. Schössler/M. Plathow, Öffentliche Theologie und internationale Politik. Zur Aktualität Reinhold Niebuhrs, Wiesbaden 2013, 60f

Gefahren für seine Person und zudem die Sorge um die Brüder der illegalen Predigerseminare der Bekennenden Kirche etwa in Finkenwalde. R. Niebuhr setzte sich in fürsorgend-verantwortlicher Empathie sogleich am 1. 5 1939 für D. Bonhoeffers Einladung in die USA beim Freund H. S. Leiper im Federal Council in New York ein[24]. Weiter verwandte er sich bei Dr. H. S. Coffin, dem Präsidenten des Union Theological Seminary in New York, und bei seinem ehemaligen Schüler, Bonhoeffers langjähriger Freund, P. Lehmann am 11. 5. 1939[25] für Lehr- ud Vortragsaufträge zur Intensivierung der Kontakte der Bekennden Kirche zu theologischen Ausbildungsstätten in Amerika[26]. Schon am 12. 5. 1939 erging die schriftliche Einladung H. S. Leipers an D. Bonhoeffer.

Durch ein Missverständnis - nach Eindruck R. Niebuhrs bestünde für D. Bonhoeffer bei Nichtverlassen Deutschlands die Gefahr der Einweisung in ein Konzentrationslager - forcierte nun H. S. Leiper entsprechend der Mitteilung R. Niebuhrs vom 22. 5. 1939[27] eine mögliche berufliche Tätigkeit D. Bonhoeffers „with the American Committee for Christian German Refugees in the City of New York“[28]. D. Bonhoeffer nach seiner Ankunft in New York sah sich nun - bei all der überwältigenden Fürsorge und Unterstüzung - genötigt, die genauen Umstände und seine Pläne richtig zu stellen.: er wolle spätestens in einem Jahr zurückreisen nach Deutschland und dieser Weg müsse offen bleiben. Im Brief vom 16. 6. 1939 an H. S. Leiper bat er um Abänderung und Annulierung der möglichen Tätigkeit für die „Christan German Refugees“; er müsse nach Deutschland zurückkehren können um der Arbeit unter und mit den Brüdern der Bekennenden Kirche willen.[29] Trotz dem Ersuchen der amerikanischen Kollegen und trotz des Drängens zum Bleiben durch den Freund P. Lehmann[30], der sich auch der Empfehlung R. Niebuhrs für D. Bonhoeffer verpflichtet wusste, entschied D. Bonhoeffer sich nach nur einem Monat in New York mit der Rückfahrt am 7./8. 7. 1939 zur „Teilnahme an Deutschlands Geschick“[31].

In einer spannungsvollen Auseinandersetzung zwischen biblischer Weisung, rationalen Argumenten mit Kollegen und Freunden und dem eigenen Verantwortlichwissen kämpfte sich D. Bonhoeffer zu dieser Gewissensentscheidung; die Tagebucheintragungen zwischen dem 8. 6. und 26. 6. 1939 geben ein dramatisches Zeugnis davon[32].

R. Niebuhr verhehlte seine Enttäuschung in einem Brief an P. Lehmnann nicht: „I do not understand it at all. He wanted to stay out for a year and I don´t understand, why he changed his plans after we made the arrangements“[33]. P. Lehmann konnte D.

24 DBW XV, 165f
25 Ebd., 168f
26 Ebd., 167
27 Ebd., 173
28 Ebd., 177
29 Ebd., 187ff; vgl. auch seinen Brief an P. Lehmann vom 17. 6. 1939 in: ebd., 191ff
30 Vgl. P. Lehmanns Empfehlungs- und Bittschreiben vom 27. 6. 1939, in: DBW XV, 201ff
31 DBW XV, 206, 208ff: Briefe an P. Lehmann vom 28. 6. und 30. 6. 1939 und die Mitteilung an R. Niebuhr in: ebd., 210
32 Ebd., 217 – 234.
33 Ebd., 216

Bonhoeffers Urteilsbildung und Entscheidung nachvollziehen. Im Brief an R. Niebuhr vom 31. 7. 1939 bemühte er sich, ihm D. Bonhoeffers Gewissensentscheidung argumentativ zu erklären[34]. R. Niebuhr war es dann auch, der noch während D. Bonhoeffers Rückfahrt bei John Baillie eine Einladung zu den Edinburger „Croall Lecures" anregte und erwirkte. D. Bonhoeffer sagte am 24. 8. 1939 zu für das Thema „The death in the Christian message"[35]. Mit dem Freund P. Lehmann, der D. Bonhoeffer noch am Abreisetag in New York besucht hatte, blieb auch während der ersten Kriegsjahre der weitere Briefkontakt bestehen[36].

4. R. Niebuhrs persönliches Gedenken nach dem II. Weltkrieg

Nach den Zerstörung, Leid und Tod bringenden Schrecken des II.Weltkrieges und der Beseitigung des Naziregimes in Deutschland, dem D. Bonhoeffer noch am 9. 4. 1945 im KZ-Flossenbürg zum Opfer fiel, gedachte R. Niebuhr in der persönlichen Würdigung „The Death of a Martyr" mit einem Zitat aus einem Brief D. Bonhoeffers an dessen verantwortungsvolle Gewissensentscheidung von 1939; D. Bonhoeffer schrieb: „I will have no right to participate in the reconstruction of Christian life in Germany after the war, if I do not share the trials of this time with my people"[37]. Und nach E. Bethge fährt R. Niebuhr fort: „I still remember an discussion of the theological and political matters I had with him in London 1939, when he assured me, that Barth was right in becoming more political; but he criticised Barth for defining his position in an little pamphlit"[38]. Gemeint ist K. Barths „Rechtfertigung und Recht"[39] und K. Barths Brief an J. Hromádka vom19. 9. 1938 mit dem Aufruf an die Tschechen zum aktiven Widerstand gegen eine Besetzung durch Nazi-Deutschland[40].

R. Niebuhr war als exponierter öffentlicher Theologe in wissenschaftlichen Kreisen und gesellschaftlichen Gremien[41], als politisch engagierter Sozialethiker Mitglied des renomierten „Council on Foreign Relation"; als scharfer Gegner A. Hitlers hatte er sich stark gemacht für den Eintritt der USA in den Krieg gegen Nazi-Deutschland; den Einsatz der Atombombe auf Hiroshima hatte er nicht gut geheißen. Nach dem II. Weltkrieg wirkte er mit in der „Wanglo-American Commission of Palestine". Und aufgrund seiner guten Kontakte zu Kirchenleuten in Deutschland und seiner qualifizierten Deutschkenntnisse wurde er berufen in die „Advisory Commission on Cultural Policy in Occupied Territories" und ebenfalls in die UNESCO-Delegation für Schul- und Erziehungsfragen im in jeder Beziehung aufzubauenden Deutschland. In diesen Funktionen bereiste er von Juli bis September 1946 die zerstörten Gebiete

34 Ebd., 256: „My own conversation with him convinced me that he was doing the only thing he could do".

35 Vgl. E. Bethge, Dietrich Bonhoeffer. Eine Biographie, München 1967 (3), 743

36 D. Bonhoeffers Brief an P. Lehmann vom 28. 2. 1941, in: DWW XVI, 128f; P. Lehmanns Brief an D. Bonhoeffer vom 2. 8. 1941, in: DBW XVI, 130ff

37 R. Niebuhr, The Death of a Martyr, in: Christianity and Crisis, Vol. 5, Nr. 11 vom 25. 6. 1945, 6

38 Anm. 34, 700

39 K. Barth, Rechtfertigung und Recht, in: ThSt 1; vgl. auch E. Busch, Karl Barths Lebenslauf, München 1975, 300ff

40 Ders., Brief an J. Hromádka vom 19. 9. 1938, in: ders., Eine Schweizer Stimme, 1945, 58f

41 Vgl. Daniel F. Rice, Reinhold Niebuhr revisited, Cambridge 2009; ders., Reinhold Niebuhr and his circle of influence, Cambridge 2013

Deutschlands, um den Neuaufbau mitvorzubereiten.
So besuchte und begegnete er am 28. 8. 1946 auch die Familie Bonhoeffer in Berlin, wie R. Niebuhr im Brief von 27. 8. 1946 an seine Frau Ursula schreibt[42].

I. Theologische Beziehungen zwischen R. Niebuhr und D. Bonhoeffer
Um sich den theologischen Beziehungen zwischen R. Niebuhr und D. Bonoeffer zu nähern, sei auf das Verhältnis von R. Niebuhr und K. Barth im Zusammenhang der I. Weltkirchenkonferenz des Ökumenischen Rates der Kirchen in Amsterdam (22. 8. - 4. 9. 1948) kurz eingegangen.
K. Barth hielt - mit C. H. Dodd - zum Generalthema „Die Unordnung der Welt und Gottes Heilsplan" den Einführungsvortrag. Entsprechend seinem offenbarungstheologischen Ansatz nahm K. Barth, die beiden Satzteil des Generalthemas umstellend, den theologischen Zugang bei Gottes Heilsplan, um von diesem her die Unordnung der Welt in den Blick zu fassen[43].
R. Niebuhr, seit Jahren engagiert in der ökumenischen Bewegung von „Life and Work"[44], hielt zusammen mit E. Brunner einen öffentlichen Vortrag zum Thema „Das christliche Zeugnis für die Ordnung der Gesellschaft und des nationalen Lebens"[45].
Nach Abschluss der Amsterdamer Konferenz übte R. Niebuhr an K. Barths Einführungsvortrag Kritik; sie gipfelte in dem Satz: „Wir sind Menschen und nicht Gott"; er stellte die „kontinentale Theologie" der „angelsächsischen Theologie" gegenüber: „Wir Angelsachsen üben Kritik an der kontinentalen Theologie", weil sie „die Bereiche, wo menschliches Leben gelebt sein will, sich selbst überlassen"[46], weil sie in zu geringem Maße Orientierung und Weisung für die alltäglichen Entscheidungen gibt.
Dieses Gegenüber spiegelt sich auch in den theologischen Begegnungen von R. Niebuhr und D. Bonheffer wider; besonders gilt dies für D. Bonhoeffers ersten Studienaufenthalt am Union Theological Seminary in New York. Dem Verständnis von Religion als transzendente Verwiesenheit und Bestimmung beim amerikanischen Sozialethiker, dessen pragmatisches Interesse in den sozialen Konkretionen der Religion liegt, steht gegenüber die Offenbarungstheologie des von K. Barth mitgeprägten jungen D. Bonhoeffer aus Deutschland. D. Bonhoeffer wiederum vermisst in der Theologie von Professor Niebuhr die christologische und soteriologische Fundierung und die kirchliche Ausrichtung. Dieses Gegenüber schildert D. Bonhoeffer aus seiner Sicht im „Bericht über meinen Studienaufenthalt im Union Theological Seminary in New York 1930/31"[47] und in einem Aufsatz von 1939 mit dem Titel, der die angelsächsische Theolgie charakterisieren soll

42 Anm. 6, 198f
43 K. Barth, Gottes Heilsplan und die Unordnung der Welt, in: K. Barth/J. Danielou/R. Niebuhr, Amstadamer Fragen und Antworten, in: EvExH Nr. 15, München 1949, 3ff; vgl. auch: Richard Fox, Reinhold Niebuhr. A biography, San Francisco 1987, 234f
44 Vgl. M. Plathow, in. Anm. 22, 60f
45 Focko Lüpsen (Hg.), Amsterdamer Dokumente. Beih. Evang. Welt, Bethel 1948, 240ff
46 Anm. 42, 29
47 DBW X, 262 – 282, bes. 268 - 271

„Protestantismus ohne Reformation“[48]: „Es offenbart sich … ein fast unabsehbar tiefer Gegensatz zwischen den Kirchen der Reformation und dem 'Protestantismus ohne Reformation'“[49], was sich an der „Ablehnung der Kritik K. Barths an der natürlichen Theologie“[50] festmachen lässt. „Christentum ist in der amerikanischen Theologie noch wesentlich Religion und Ethik. Darum aber muss Person und Werk Christi fürdie Theologie in den Hintergrund treten und schließlich unverstanden bleiben“[51].

Zugleich ist bei der sie verbindenden Ablehnung des „social gospel“[52] und Bekämpfung des Rassismus gegen Farbige und Juden ihr Widerstand gegen jede verabsolutierte Ideologie gemeinsam: bei R. Niebuhr gegen Wirtschaftsliberalismus im eigenen Land und gegen Nationalsozialismus in Deutschland und auch gegen Kommunismus sowjetischer Provenienz; bei D. Bonhoeffer gegen aggressiven Militarismus und gegen völkischen Nationalismus.

Mit D. Bonhoeffers ökumenischem und gesellschaftlichem Engagement und mit seiner Entscheidung 1939 zur „Teilnahme an Deutschlands Geschick“ näherten sich D. Bonhoeffer und R. Niebuhr in Fragen ethischer Verantwortung im Politischen einander an; dies bestätigt R. Niebuhr nach dem II. Weltkrieg in der Würdigung „The Death of a Martyr“[53].

R. Niebuhr war durch die ökumenischen Arbeiten entscheidend an der 2. Weltkonferenz für „Life and Work“ in Oxford mit dem Thema „Kirche, Volk, Staat“ (12. - 26. 7. 1937) beteiligt. Hier erfuhr das Prinzip Verantwortung mit und durch ihn entscheidende Bedeutung; im sozialethischen Konzept der „verantwortlichen Gesellschaft“ wirkte es in den folgenden Jahren nachhatig weiter[54]. D. Bonhoeffer expliziert in den Fragmenten der „Ethik“ das Prinzip Verantwortung als Antwort auf das erste Gebot[55]; christologisch ist es bestimmt als „Antwort auf das Leben Jesu Christi (als Ja und Nein über unser Leben)“[56]: Verantwortung für Christus vor den Menschen und Verantwortung für die Menschen vor Christus; „und nur darin die Verantwortung meiner selbst vor Gott und den Menschen.“[57]

Die Struktur verantwortlichen Lebens findet Gestalt in „Stellvertretung“ und „Wirklichkeitsgemäßheit“[58].

Gemeinsam erkennen R. Niebuhr und D. Bonhoeffer auf einem paulinisch-augustinisch-lutherisch und kierkegardschen Hintergrund die Realität der Macht der Sünde und des Bösen, in die der einzelne und die Gesellschaft verstrickt ist.

Für D. Bonhoeffer hat sie in der Sündenfallgeschichte Gen 3[59] und in der Adam-

48 DBW XV, 431 – 460, bes. 455 - 466
49 Ebd., 455
50 Ebd., 456
51 Ebd., 459
52 D. Bonhoeffer, Memorandum „das 'social gopel'“, in: GS I, 104 - 111
53 Vgl. Anm. 36
54 Vgl. F. Siegmund-Schulze (Hg.), Ökumenisches Jahrbuch 1936-37, Zürich/Leipzig 1939, 275ff
55 Vgl. auch Shozo Suzuki, Evangelium – Wirklichkeit – Verantwortung, Zürich-Berlin, 2011, 53f
56 DBW VI, 254
57 Ebd., 255
58 Ebd., 256, 275
59 D. Bonhoeffer, Schöpfung und Fall, München 1958, 79ff

Christus-Typologie Röm 5, 12ff[60] ihr biblisches Zeugnis; Einzel- und Kollektivperson sind miteinander verbunden.

Für R. Niebuhr verdichtet sich die Macht der Sünde und des Bösen in Röm 7, 18: die Diskrepanz von Wollen und Vollbringen. Die Egomanie der Hybris und Machtgier, geboren aus dem freien Willen des Menschen, als „politischer Realismus“ wird eingebunden in den „christlichen Realismus“; dabei tritt der einzelne - anders als bei D. Bonhoeffer - der Allgemeinheit gegenüber und vermag in der „immoral society“ nur begrenzt Erneuerung zu wirken[61].

Das Kreuz Christi ist es, das Vergebung und Erneuerung schenkt. Die Christen, Gerechtfertigte und Sünder zugleich, simul, kohärent mit der Welt, sind in die Verantwortung für die Erneuerung der gesellschaftlichen Verhältnisse gestellt nach dem „Gesetz der Liebe“. Angesichts der Pervertierung des menschlichen Willens und auch der menschlichen Ideale kann dieses realistischer Weise nur “engstmöglich“ in die Gesetze und in die gesellschaftlichen Strukturen eingebunden werden; nur bruchstückhaft und unvollkommen wird es verwirklicht. In Buße angesichts des eigenen Involviertseins in die durch Verstrickungen der Macht der Sünde und des Todes korrumpierten Strukturen geschieht durch das Geschenk der vergebenden Gnade im Kreuz Christi Erneuerung - begrenzt im Blick auf widerfahrene „Weisheit und Demut“ und gelebte „Gelassenheit“[62].

D. Bonhoeffer begründet die „Stellvertretung“ als Struktur verantwortlichen Lebens christologisch und soteriologisch in der Wirklichkeit der einmaligen und ein für allemal geltenden Stellvertretungstat Jesu Christi am Kreuz für die Menschen und die Gesellschaft in den Diskrepanzen durch die Macht der Sünde und des Bösen. Stellvertretung gestaltet sich im Miteinander und Füreinander bis zur möglichen Schuldübernahme für andere. Weil die Welt auf Christus hin geschaffen ist, wird sie auch trotz der Sünde und des Bösen um Christi willen erhalten von Gott, u. zw. durch seine Mandate; D: Bonhoeffer nennt in den Ethik-Fragmenten Arbeit, Ehe, Obrigkeit, Kirche[63]. Die göttlichen Mandate erweisen sich als Ermächtigung und Inanspruchnahme der Menschen in Gottes Erhaltung und Fürsorge für seine Schöpfung und Geschöpfe. „Der Träger des Mandats handelt in Stellvertretung, als Platzhalter des Auftraggebers“[64]. Im verantwortlichen Leben[65]sind die Menschen als Mandatare und Kooperatoren durch die stellvertretende Tat hineingenommen in die Erneuerung der Welt, die durch Christi Stellvertretungstat Christuswirklichkeit ist. Christus ist Mittler und als solcher Grenze und Mitte zwischen Alt und Neu im Leben des einzelnen, der Gemeinde und der Welt., wie D. Bonhoeffer in „Schöpfung und

60 Ders., Sanctorm communio, München 1960^3, 72ff

61 R. Niebuhr, Moral Man and Immoral Society. A Study in Ethics and Politics (1932), London 1963; vgl. auch: A. Maßmann, Gerecht und Sünder im Kalten Krieg, in: Anm. 22, 95ff und H. Hoffmann, Die Theologie Reinhold Niebuhrs, Zürich 1954, 167ff

62 Vgl. das immer wieder erinnerte und gesprochene Gebet R. Niebuhrs in Heath, Mass. 1934: „God, give us grace to accept with serenity the things that cannot be changed, courage to change the things that should be changed and the wisdom to distinguish the one from the other“.

63 DBW VI, 54

64 Ebd., 392f

65 Ebd., 256ff

Fall“ und in der „Christologievorlesung“ von 1933[66] darlegt.[67]
In den späten Aufzeichnungen wie „Stationen auf dem Weg zur Freiheit“ in „Widerstand und Ergebung“[68] sowie in seinen Gefängnisbriefen vom 20. 2. 1944 und 23. 2. 1944 kann D. Bonhoeffer - wie R. Niebuhr - sprechen von den begrenzten Einflußmöglichkeiten auf die Tatfolgen und vom Fragmentarischen der freien Tat im Vorletzten: „Es kommt wohl nur darauf an, ob man dem Fragment unseres Lebens noch ansieht, wie das Ganze eigentlich angelegt und gedacht war und aus welchem Material es besteht“.[69]

III. Dietrich Bonhoeffer und Reinhold Niebuhr - eine transatlantische Beziehung

Die persönlichen Kontakte und personalen Begegnungen verschiedener Lebensphasen zwischen D. Bonhoeffer und R. Niebuhr sind geprägt von ihrem je eigenen Christ- und Theologesein zum einen diesseits zum andern jenseits des Atlantiks.
Die theologische Leidenschaft, das ökumenische Engagement, der Widerstand gegen Totalitarismen und Ideologien sowie die gesellschafts- und weltpolitische Verantwortung im konkreten Tun verbanden D. Bonhoeffer und R. Niebuhr. Dabei wußten beide um die Realität der Sünde und des Bösen in der Welt und um die Wirklichkeit der im Kreuz Christi verheißenen Vergebung auch bei allem zwiespältigen und fragmentarischen Tun.
Unterschieden waren sie durch Bonhoeffers offenbarungstheologischen Ansatz, der Christus zu Grund und Mitte hat und auf die Gemeinde und Kirche in der einen Christuswirklichkeit ausgerichtet ist. Demgegenüber stellt R. Niebuhr von einem religionsphilosophischen Ansatz her den „politischen Realismus“ gesellschaftlicher Verstrickungen durch die Macht der Sünde in eine transzendent begründete Verantwortung des „christlichen Realismus“ nach dem „Gesetz der Liebe“, das „engstmöglich, eben fragmentarisch in Gesetze und soziale Strukturen eingebunden werden kann.
Die personalen Begegnungen zwischen D. Bonhoeffer und R. Niebuhr in der Verbundenheit der geglaubten und bekannten Katholizität der Kirche Jesu Christi erwiesen sich - bei theologischen Gemeinsamkeiten und Unterschieden, sowie den kulturellen Differenzen - als transatlantische Gemeinschaft zweier Christen und Theologen.

66 D. Bonhoeffer, GS III, 170ff
67 Vgl. auch E. Feil, Die Theologie Dietrich Bonhoeffers, München 1971^{2}, 176ff
68 D Bonhoeffer, Widerstand und Ergebung, München 1990 ^{14}, 197f
69 Ebd., 120, 63

Arbeit – ein göttliches Mandat. Statement

Der Theologe D. Bonhoeffer versteht in den Fragmente der „Ethik“ die Arbeit von uns Menschen als „Mandat“ Gottes; er schreibt: „Durch das göttliche Mandat der Arbeit soll eine Welt entstehen, die - darum wissend oder nicht - auf Christus wartet, auf Christus ausgerichtet ist, für Christus offen ist, ihm dient und ihn verherrlicht. Dass es das Gechlecht Kains ist, das dieses Mandat erfüllen soll, wirft bereits den tiefen Schatten auf alle menschliche Arbeit“[1]. Heute stellt sich die Frage, in welcher Weise angesichts der Vielheit der Aspekte des Thema „Arbeit“ im gesellschaftspolitischen Kontext die Stimme des Theologen D. Bonhoeffer Gehör finden kann und wie sie angesichts der Komplexität von „Arbeit“ bei der Urteilsbildung im individual-, aber auch im sozialethischen Feld einzubeziehen ist.

1. Im vielebigen Themenbereich „Arbeit“ sind da die fundamentalen Beziehungen von Anthopologie und Ökonomie, Wirtschaftlichkeit und Humanität: Person und Arbeit, Arbeit und Kapital, Arbeit und Lohn, Pflicht zur Arbeit und Recht auf Arbeit einschließlich der Jugendarbeitslosigkeit in Europa, Arbeitszeit und Freizeit, Abhängigkeit und Eigenverantwortung, Arbeitsregeln und Mitbestimmung usw. Da sind die konkreten Probleme durch die Ökonomisierung der Erwerbsarbeit, die sich in der Spannung von Arbeitsleistung und gerechtem Lohn zuspitzen: Werkverträge trotz Tarifentscheidungen, Teilzeitarbeit, Leiharbeit, Mindestlohn, Dumpinglohn usw. Und im innerkirchlichen Raum kommt hinzu die Spannung zwischen Arbeit und „Dienst“[2]. Große und zugleich die konkreten Menschen angehenden Herausforderungen sind dies.

Bei der Schwierigkeit der konkreten, zugleich gesellschaftlichen Probleme tritt die grundlegende Bedeutung von Arbeit und die Sinnfrage oft in den Hintergrund oder wird in einer funktional denkenden Gesellschaft nicht gestellt. Hier bekommt D. Bonhoeffers Stimme in einer sich säkularisierenden und religiös pluralisierenden Gesellschaft mit ihrer Arbeitswelt Geltung.

Für die Selbsterhaltung und Selbstverwirklichung des Menschen in und mit seiner Mitwelt hat die Arbeit grundlegende Bedeutung und einen hohen Wert. Als anthropologische Konstante gehört sie zur Würde des Menschen, so dass die Aufgabe und Pflicht zur Arbeit mit dem Recht auf Arbeit korrespondiert. Infolgedessen erweist

1 D. Bonhoeffer, Ethik. DBW VI, München 1992, 58

2 M. Plathow, Arbeit in der Kirche. Mitarbeiter Gottes und Arbeitnehmer der Kirche, in (Masch): FS Dekan Gerd Schmoll, Heidelberg 1986, 53 - 69

sich das Thema „Arbeit“ als individual- und sozialethisches Thema und damit als theologisches.

Viel ist schon von biblisch-theologischer Grundlegung in Theologie- und Kirchengeschichte zum Thema „Arbeit“ geschrieben worden; hierauf soll in dieser Stelle nicht eingegangen werden[3]. Erinnerts sei nur an K. Barth, der mit dem auch von M. Luther geprägten D. Bonhoeffe in enger theologischer Verbindung stand, und die Arbeit als „tätiges Leben in Entsprechung zum Tun Gottes“ vestand[4].

2. In D. Bonhoeffers Ethik-Fragmenten gehört „Arbeit“ zu den „göttlichen Mandaten“, d. h. zum „konkreten in der Christusoffenbarung begründeten und durch die Schrift bezeugten göttlichen Auftrag“[5]. Wie die anderen Mandate Gottes Ehe, Obrigkeit, Kirche ist Arbeit - von D. Bonhoeffer manchmal ausgeweitet auf Kultur - durch Gottes Gebot in Anspruch genommen für dessen Gestaltung in der Ausrichtung auf Christus. Diese Ausrichtung auf Christus unterscheidet die „Mandate“ von den „Schöpfungsordnungen“.

„Arbeit“ gehört für D. Bonhoeffer zum Breich des „Natürlichen“, das - anders als das von Gott Geschaffene - nach dem Einbruch und der Herrschaft der Sünde vom lebensfeindlichen Unnatürlichen getrennt ist; auch nach dem Sündenfall ist dem „Natürlichen“ der „Grundwille“ zum Leben eigen, der mit der gewissen Eigenständigkeit von Vernunft und Freiheit die “Arbeit“ „mitschöpferisches Tun“ beim „Schaffen von Neuem aufgrund der ersten Schöpfung Gottes“ sein lässt[6]. Menschliche Arbeit erweist sich als Gottes Gabe und Auftrag und als nach dem Sündenfall von Gott erhaltene und erhaltende „Gestalt des Lebens in der Ausrichtung auf das Kommen Christi“[7]. Dem „Natürlichen“ eigen gehört „Arbeit“ zum „Vorletzten“, auf das „Letzte“, d. h. auf Rechtfertigung, Erlösung und Erneuerung durch Christus ausgerichtet. Die Menschwerdung Christi nämlich ist es, die „das natürliche Leben“ mit dem Mandat der Arbeit zum „Vorletzten“ gehörend macht gegen alle Formen von Verabsolutierung und letztgültiger Ideologisierung[8]. Damit ist die Ambivalenz der „Arbeit“ im „Vorletzten“„natürlichen Lebens“ angezeigt als Leben gestaltendes, christologisch qualifiziertes „Mandat“ Gottes und als mögliche Pervertierung lebensfeindlicher Verabsolutierung trotz zeitlicher und eschatologischer Begrenztheit.

In diesem Verstehenszusammenhang ist das Mandat „Arbeit“ in das „Miteinander“ und „Füreinander“ und in das „Schutz und Grenze“ setzende „Gegeneinander“ der

3 Vgl. u. a. H. Brakelmann, Art. Arbeit VIII, in: TRE III, 663ff; ders., Art Arbeit IV, RGG [4] I, 681ff; W. Trillhaas, Ethik, 1970 [3], 396ff; U. Körtner, Evangelische Ethik, Göttingen 2012 [3], 345ff; Enzyklika „Rerum novarum“ (1891) und „Laborem exercens“ (1991); EKD-Denkschrift „Solidargemeinschaft von Arbeitenden und Arbeitslosen. Sozialethische Probleme der Arbeit (1982)

4 K.Barth, KD III 4, 592 – 648; vgl. auch Hannah Arendt, Vita activa oder vom tätigen Leben, Stuttgart 1960

5 Anm. 1, 392f

6 Ebd. 57

7 Ebd., 171

8 Ebd., 166

anderen Mandate Ehe, Obrigkeit, Kirche eingebunden[9], was D. Bonhoeffer nicht mehr breiter entfalten konnte.

3. D. Bonhoeffer bedenkt in den Ethik-Fragmenten von biblischen Zeugnissen her das Wesen menschlicher Arbeit als „göttliches Mandat", d. h. in der Relation des Menschen „vor Gott", „vor sich selbst" und „vor der Welt". Er expliziert „Arbeit" im Zusammenhang christlicher Anthropologie und Christologie in der Ambivalenz der Kainstradition, d. h. in der Pervertierung durch die Macht der Sünde und des Bösen.

Als „göttliches Mandat" ist menschliche Arbeit in Gottes creatio continua, in Gottes Erhalten und Bewahren der Schöpfung hineingenommen. Dem „Natürlichen" angehörend, erweist sich „Arbeit" als kreatives Wirken des Menschen aufgrund der Schöpfungstat Gottes; der Mensch wird als Mandatar und Kooperator Gottes[10] in der Welt gewürdigt durch „Arbeit". Seine Beziehung „vor Gott" als „Ebenbild", das in Jesus Christus vorgebildet und erfüllt ist (Gen 1, 27; Röm 8, 29; Kol 1, 15), zeigt sich gegen die Leben zerstörenden und Zukunft verschließenden Mächte eines zum „Unnatürlichen" pervertierten Handelns. Das „göttlichen Mandat" Leben fördernder und Zukunft erschließender Arbeit stellt einen hohen Wert des Menschen als „Ebenbild" Gottes dar. Sie dient als Gottes Gabe und Aufgabe, als Recht und Pflicht ver verantwortlicher Erhaltung und Gestaltung der Schöpfungs- und Weltwirklichkeit auf Christus hin im „Vorletzten". „Schutz" und „Grenze" erfährt „Arbeit" durch das „Letzte", das als Heiligung des Sonntags dem „Evangelium im natürlichen Leben Raum gibt"[11] und „Arbeit" vor Letztgültigkeit menschlichen Handelns bewahrt. Menschliches Handeln, zum „Letzten" als alles bestimmenden Sinn deklariert, widerspricht da dem 1. Gebot im verantwortlichen Leben „vor Gott" auf Christus hin.

D. Bonhoeffers Verständnis von „Arbeit" als „göttlichem Mandat" weist auf die in den heutigen gesellschaftspolitischen Auseinandersetzungen nicht selten ausgeblendete Bedeutungs- und Sinndimension menschlichen Tuns und Handelns. Orientierung vermag D. Bonhoeffer zu geben für die herausfordernden Aufgaben verantwortungspolitischer Arbeitsweltgestaltung mit ihren Ambivalenzen und Diskrepanzen, die, nie vollkommen, dem Mißbrauch und der Macht von Egoismus und Ungerechtigkeit ausgesetzt ist. Sozialethische und gesellschaftspolitische Konkretionen hierfür konnte D. Bonhoeffer in seinen Ethik-Fragmenten nicht mehr ausführen.

Das hat heute von Christen in gesellschaftlicher und politischer Verantwortung zu geschehen in den Beziehungsfeldern „Arbeit" - Gerechtigkeit - Recht[12]: Gottes Mandat gegen widergöttliche Mißbräuche menschlicher Arbeit im Zusammenhang von Mensch und Arbeit, Recht auf und Pflicht zur Arbeit, Wert der unterschiedlichen

9 Ebd., 397f

10 Vgl. Gen 2, 15; 3, 17f; 4, 20 - 22; M. Luther, De servo arbitrio, in. LDStA I, Leipzig 2006, 566, 17 - 572, 16; M. Plathow, Das Problem des concursus divinus, Göttingen 1976, 36 - 46

11 Anm. 1, 174

12 Vgl. W. Härle, Ethik, Berlin-New York 2011, 372ff

Arbeitsweisen und leistungsgerechter Lohn für Erwerbsarbeit, Arbeitstag und Sonntag als „Vorletztes“ im Blick auf das „Letzte“. Hier ist mit D. Bonhoeffer weiterzudenken.

Orte der Erstveröffentlichung

Die Mannigfaltigkeit der Wege Gottes. Zu D. Bonhoeffers kreuzestheologischer Vorsehungslehre, in: KuD 26, 1980, 109 - 127

Schuldübertragung und Schuldübernahme. Stellvertretung als dogmatisch-ethisches Thema, in: ZkTh 104, 1982, 411 - 422

Wie aus „Schicksal" wirklich „Führung" wird. Zufall und Vorsehung, in: M. Plathow, Ich will mit dir sein, Berlin 1995, 106 - 118

Glück und Leid. Theologisches Bedenken im Anschluss an D. Bonhoeffer, in: M. Plathow, Ich will mit dir sein, Berlin 1995, 119 - 137

Grenze und Mitte. Systematisch-theologische Überlegungen zu D. Bonhoeffers Pastoraltheologie, in: Pastoraltheologie 71, 1981, 2 - 17

Die Rede von der Ganzheitlichkeit. Ein mit D. Bonhoeffer kritisches Essay, in: DPfBl 89, 1989, 89 - 91

D. Bonhoeffer und die Ökumene, in: Studia Oecumenica 4, Opole 2004, 227 - 241

An Jesus gebunden in der Nachfolge D. Bonhoeffer – Lehrer evangelischer Spiritualität, in: OECUMENICA Bd. 17, Heidelberg 2005, 25 - 34

Neu aufgenommene Beiträge:

„Die Nacht von Flossenbürg". Einführung zu einer Aufführung der Theatergruppe „Vorhang auf" im Ph. Melanchthon-Haus in Leimen am 1. 3. 2008

Dietrich Bonhoeffer und Reinhold Niebuhr – eine transatlantische Beziehung

Arbeit – ein göttliches Mandat. Statement

Printed by Books on Demand GmbH, Norderstedt / Germany